스페인어 책을 내다니

● **스페인어를 배우다니**

스물다섯 무렵, 막연히 다큐멘터리를 만들고 싶다는 꿈을 이루려 방송국 조연출을 시작으로 10년 넘게 방송계에서 일했다. 한창 이상과 현실의 간극 사이에서 헤매던 때, 우연히 빔 벤더스 감독의 음악 다큐멘터리 <부에나 비스타 소셜 클럽>을 보았다.

한 번도 본 적 없던 쿠바 아바나, 말라콘 방파제를 넘어오는 파도를 흠뻑 뒤집어쓴 자동차가 해변 도로를 유유히 질주하는 풍경에 단박에 매료되었다. 당시에는 그 홀림이 나를 어디로 이끌지 몰랐다. 그저 '곧 저곳에 가야겠다'는 막연한 바람만 키울 뿐이었다.

그로부터 3년 뒤, 마침내 그 바람을 현실로 만들었다. 중미 대륙에 속한 쿠바 여행을 계획하면서 자연스레 남미 대륙의 칠레와 볼리비아, 페루까지 연이어 가기로 마음먹었다. 그렇게 인사말 정도의 스페인어만 익힌 채 과감히 미지의 대륙으로 떠났다.

여행의 마지막 목적지는 페루 마추픽추였다. 마추픽추까지 가는 방법은 다양했는데, 그중 가장 어렵다는 3박 4일 잉카 트레킹을 택했다. 함께 트레킹을 한 이들은 아르헨티나, 베네수엘라, 콜롬비아, 독일, 싱가포르 등 저마다 국적이 다른 일곱 명의 여행자였다.

매일의 고단한 걸음보다 더 힘든 지점은 언어의 장벽이었다. 하루치 트레킹을 마치고 저녁나절마다 그들과 뒤풀이를 하며 긴 대화를 나누었는데, 놀랍게도 다들 스페인어를 자유로이 구사했다. 세계 인구 중 약 5억 명이 사용한다는 그 언어를 나만 영 몰랐다.

그 탓에 매일 밤 적잖은 소외감을 느꼈다. 중간중간 자신들의 대화를 영어로 통역해 주는 친구가 있었지만, 온전히 공감하기는 어려웠다. 밤이면 밤마다 마추픽추 한편에서 '나만 못해, 스페인어!'를 되뇌며 굳게 결심했다.

'한국에 돌아가면 기필코 스페인어를 배우리라!'

그렇게 첫 해외여행의 가장 인상 깊은 기억은 중남미의 황홀한 풍경과 신비로운 문화가 아니라 '스페인어'로 남았다.

● 스페인에 살다니

한때 영어 말고 중국어와 일본어 공부도 했지만 금방 심드렁해져 그만두곤 했다. 소통하지 못한 마추픽추의 밤이 촉진제가 되었을까. 스페인어만은 달랐다. 배울수록 흥미로웠다. 여행 후 다시 직장 생활을 하면서도 5년 동안 꾸준히 스페인어를 익혔다.

그저 재밌기에 배운 스페인어는 하던 일을 그만두고 인생 2막을 고민할 무렵, 뜻밖의 지침이 되었다. 언어의 장벽이 허물어졌으니 아예 스페인어를 쓰는 나라에서 살아 보자고 마음먹고는 당시 스페인어 선생님이 추천한 세비야로 향했다.

스페인어를 제법 안다고 여겼는데 막상 현지에 살며 외국어를 모국어처럼 쓰는 일은 녹록지 않았다. 그래도 책에서 배운 문장을 살아 꿈틀대는 일상의 언어로 발음할 때마다 새로운 활기가 솟았다.

장벽 같던 언어가 소통의 물꼬가 되자 비로소 스페인이 바로 보였다. '삶과 사람, 문화를 이해하는 데 언어만큼 훌륭한 도구는 없다'는 사실을 절감하며 점점 스페인어와 스페인 문화에 젖어들었다.

애초에 스페인에 얼마나 머물지, 그곳에서 어떤 일을 할지 정하지는 않았다. 새로운 인연과 시간이 자연스레 새 길을 내 주었다. 우연히 참가한 타일 수업 선생님의 추천으로 현지 예술학교에 입학해 '도예'를 배우며 세비야에서 5년을 살았다.

● **스페인어로 먹고 살다니**

한국에서 5년, 스페인에 머물러 살며 5년, 그렇게 10년 동안 스페인어를 배웠다. 이후 다시 한국으로 돌아왔고, 코로나 이전까지 매년 남미로 도자기를 주제로 한 여행을 떠나며 노예가의 삶을 살았다.

지금은 서울에서 '정거장'이라는 뜻의 '라 빠라다La Parada'라는 공간을 열어 도예는 물론이고, 한국인에게는 스페인어를, 스페인어권 사람에게는 한국어를 가르치며 '여행하는 도예가'로 살아간다.

돌이켜보면 인생 3막쯤 되는 지금은 스페인어 없이는 설명할 수 없다. '나만
못하던 스페인어'가 어느덧 삶의 한가운데 단단히 자리잡았다.

우연히 본 영화 한 편 때문에 남미로 떠나고, 그 여행길에서 스페인어라는 낯
선 언어를 발견했다. 그 언어는 다시 그 언어가 생동하는 땅으로 안내하고,
그 땅에서 언어뿐 아니라 삶의 이면을 배웠다.

● 스페인어를 모른다니

스페인어 강좌를 열 때마다 대부분의 수강생이 '스페인어는 정말이지 1도 모
른다'며 큰소리로 말한다. 한국인이라면 누구나 알 만한 스페인어 단어를 나
열하면 그제야 '이게 스페인어라고요?'라고 되물으며 놀란다.

평소 즐겨 쓰는 일상어와 상표 이름, 노래 제목으로 우리는 이미 스페인어를
많이 접했다. 그러니 '스페인어를 하나도 모른다'는 말은 사실이 아니라 섣부
른 속단이다. 마음먹기에 따라 스페인어는 낯선 외국어일 수도, 우리네 일상
깊숙이 들어온 또 하나의 우리말일 수도 있다.

이 책은 '이게 스페인어라고?'라는 물음에 '네'로 시작하는 긴 대답이다. 이 대답
의 가장 큰 밑거름은 그동안 스페인어를 배우고 스페인어를 쓰며, 그리고 스페
인어를 가르치며 만난 사람이다.

아무쪼록 이 수다 같은 긴 대답이 한국어와 스페인어를 잇는 작지만 단단한
끈이 되기를 바란다. 오래 전 나처럼 이 책을 읽는 당신도 인생의 새 지침을
얻는다면 더없이 좋을 테다.

"티키타카가 스페인어예요?"

어느 날 우리말 출판사 '이응'의 장세이 대표가 건넨 질문이 이 책의 단초였다.

나에게는 너무 익숙한 언어가 된 스페인어 중 우리말처럼 널리 쓰는 단어를 골라 재미난 틀 안에서 새로이 엮도록 이끌었다.

스페인의 빛깔을 가득 담은 디자인으로 책을 꾸린 박지현 디자이너, 미처 글에 담지 못한 바를 포착해 그림으로 표현한 안미래 작가까지 이 책의 시점과 종점 사이에 무수한 손길이 함께했다.

더불어 글의 곳곳 등장하는 스페인어로 이어진 여러 인연, 글을 쓰는 내 응원한 벗들까지 모두에게 고마운 마음을 전한다.

목차

───── 1장 일상어 ─────

모르고 쓰는 스페인어

2장 상표명

모르고 사는 스페인어

(4장 관용어)

한국어 같은 스페인어

1. 단어 선정 기준

일상에서 흔히 쓰는 말, 익숙한 상표 이름, 귀에 익은 노래 제목, 습관처럼 자주 쓰는 관용어 등을 기준으로 큰 갈래를 지은 후, 우리말처럼 흔히 쓰는 스페인어 중 언어와 문화 이야기를 두루 풀어낼 만한 단어 위주로 골랐다. 스페인어의 뿌리라 할 라틴어가 여러 경로를 거쳐 변형되었기 때문에 선정한 단어 중 몇몇은 스페인분 아니라 여러 나라에서 같은 모양과 뜻으로 사용한다.

2. 단어 표기

스페인어의 우리말 표기는 국립국어원의 '스페인어 외래어 표기법'을 따랐다. 본문의 스페인어 단어나 문장은 우리말 표기 뒤에 스페인어를 위첨자로 표기했다. 표기와 실제 발음이 같은 경우도 있지만 둘 사이에 차이가 나는 경우도 많아 아래 표에 따로 정리했다. 가장 두드러지는 차이점은 표기상 'ㅋ, ㅌ, ㅍ' 등의 거센소리를 'ㄲ, ㄸ, ㅃ' 등의 된소리로 발음한다는 점이다. 단, 'ㅅ'은 초성으로 쓰일 때에 한해 'ㅆ'으로 발음한다. 끝으로 자라 ^{ZARA}의 우리말 표기를 포함해 상표명의 스페인어 표기는 공식 명칭을 따랐다.

3. 추가 정보 👁

글의 말미마다 주요 단어 및 문장, 주제와 관련한 정보 중 유용하고 흥미로운 내용을 담았으며, 눈과 돋보기를 소재로 한 그림으로 주목도를 높였다.

	스페인어 표기	스페인어 발음	우리말 표기	우리말 뜻 (직역 · 의역)
1장 일상어	Solo	쏠로	솔로	홀로
	Grande	그란데	그란데	큰
	Tiquitaca	띠끼따까	티키타카	탁구공이 오고가는 소리와 모습을 담은 의성의태어
	Plaza	쁠라사	플라사	광장
	Parasol	빠라솔	파라솔	파라솔
	Real	레알	레알	진짜
	Yosigo	요시고	요시고	나는 계속한다
	Los Angeles	로스앙헬레스	로스앙헬레스	천사들
	Pan	빤	판	빵
	El Niño	엘니뇨	엘니뇨	어린 남자아이

	스페인어 표기	스페인어 발음	우리말 표기	우리말 뜻(직역 · 의역)
	DIOS	디오스	디오스	신
	Del Monte	델 몬떼	델몬트	산에서
	Corona	꼬로나	코로나	왕관
	Chupa Chups	추빠춥스	츄파춥스	춥스를 빨아라
2장 상표명	arena	아레나	아레나	모래
	AVANTE	아반떼	아반테	앞으로
	andar	안다르	안다르	걷다
	ZARA	싸라	자라	(무의미)
	casamia	까사미아	카사미아	내 집
	ELCANTO	엘깐토	엘칸또	노래
3장 곡명	Bésame Mucho	베사메 무초	베사메 무초	많이 키스해 주오 · 키스를 멈추지 말아요
	Me Gustas Tú	메 구스따스 뚜	메 구스타스 투	네가 나한테 좋아 · 나, 너 좋아해
	Dónde Voy	돈데 보이	돈데 보이	나는 어디로 가나 · 떠돌던 자는 어디에 머무나
	La Cucaracha	라 꾸까라차	라 쿠카라차	바퀴벌레 · 비명 대신 노래를
	Que Será Será	께 세라 세라	케 세라 세라	뭐든 될 거야 · 살다 보면 이룰 거야
4장 관용어	A Ver	아 베르	아 베르	어디 한 번 보자 · 빈말을 채우리
	Mi Casa Es Tu Casa	미 까사 에스 뚜 까사	미 카사 에스 투 카사	내 집이 네 집이지 · 우리집처럼 편하게
	Tengo Enchufe	뗑고 엔추페	텡고 엔추페	나는 콘센트가 있어요 · 뒷배가 든든합니다
	Poco a Poco	뽀코 아 뽀코	포꼬 아 포꼬	조금씩 · 천리 길도 한걸음부터
	El Mundo Es un Pañuelo	엘 문도 에스 운 빠뉴엘로	엘 문도 에스 운 파뉴엘로	세상은 휴지 한 잔이다 · 세상은 넓고도 좁아라

모르고 쓰는 스페인어

Solo 솔로   당신도 혼자인가요

Grande 그란데   모자라면 한 잔 더

Tiquitaca 티키타카   잘 주고 잘 받는 일

Plaza 플라사   우리 모두 여기에

Parasol 파라솔   찬란한 태양을 위하여

Real 레알   진짜가 진짜다

Yosigo 요시고   스페인어 이름 지어 볼래요

Los Angeles 로스앙헬레스   천사는 어디에 사는가

Pan 판   한국에는 빵이 없다

El Niño 엘니뇨   아기 예수여, 지구를 부탁해

당신도 혼자인가요

Solo ^{솔로} · 홀로

스페인어 수업 중에 '살다'라는 뜻의 동사 비비르^{Vivir}를 가르치면 뒤이어 '혼자'라는 뜻의 단어도 알려 달라는 수강생이 많다. <나 혼자 산다>라는 방송 프로그램의 인기가 높은 데다 실제 홀로 사는 수강생이 많기 때문인 듯하다.

내 수업을 듣는 수강생 대부분 미혼 혹은 비혼이며, 그중 90% 이상이 본가에서 나와 따로 산다. 그러니 '나 혼자 살아요'를 뜻하는 비보 솔로^{Vivo Solo}는 인삿말보다 더 급히 배워야 할 문장이기도 할 테다.

영어와 마찬가지로 '홀로, 혼자서'라는 뜻을 가진 스페인어 또한 'Solo'이며, 외국어 표기법에 따라 글로 쓸 때는 '솔로'라고 써야 한다. 단 'ㅅ'이 첫 음절 초성일 경우에는 된소리 'ㅆ'으로 발음하기에 말할 때는 '쏠로'라고 한다.

'혼밥, 혼술, 혼영, 혼행'처럼 앞에 '혼자'가 붙은 줄임말은 나날이 새로운 낱말과 짝을 이루며 그 수를 늘리는 중이다. 앞서 언급한 <나 혼자 산다>를 비롯해 <나는 솔로> 등 미혼이나 비혼의 출연자가 나오는 방송 프로그램이 높은 시청률을 이루고, 스페인에서도 인기 높은 아이돌 그룹, 블랙핑크의 제니가 부른 곡 'Solo'의 후렴구 '빛이 나는 솔로'라는 노랫말은 일종의 유행어가 되었다.

다만 지금의 솔로는 예전의 솔로와 무척 다르다. 혼자 밥 먹고 영화 보고 술 마시는 일은 더이상 '너는 친구도 없니?' 같은 우려 섞인 핀잔을 부르는 결핍이 아니다. 외부의 시선은 물론이고 스스로도 솔로를 청승이나 불행의 상징으로 여기지 않는다. 이 시대 숱한 솔로는 혼자라서 외롭고 슬프기보다 혼자이기에 더 빛나고 자유롭다고 말한다.

짜장면 한 그릇 주문했다가는 배달원과 얼굴을 붉혀야 했던 때가 엊그제 같은데 지금은 1인분 분량의 음식을 주력으로 하는 음식점이 도처에 흔하다. 혼자 사는 사람을 대상으로 한 서비스는 사회 정책에도 적극 반영되는 중이다. 전체 가구 수 중 1인 가구 비중이 35%(2020년 기준)에 육박하는 서울시는 '씽글벙글(1in.seoul.go.kr)'이라는 1인 가구 포털 사이트까지 운영한다. 바야흐로 '솔로 전성시대'라 할 만하지 않은가.

한껏 발랄하고 당당한 오늘날의 솔로는 '혼자 연주하거나 노래하는 사람'을 이르는 솔리스트 Soliste의 인상에 가깝다. 무대에 홀로 선 음악가 모습을 떠올리면 'Solo'라는 단어는 애초에 상형문자가 아니었을까 싶다. 단어의 우리말 뜻 '홀로' 또한 올곧게 선 모습이 솔리스트와 꼭 닮았다.

고등학교 때부터 30년 넘게 홀로 사는 사람으로서 솔로의 지위 향상은 무척 반가운 일이다. 홀로 사는 삶이 더는 아무 도마에 마구 오르는 불편한 주제가 아니라서 홀가분하다. 한편으로는 빛나는 솔로의 삶이 개인화로 치우치지 않을까, 우려하지만.

낯선 스페인에서 오롯이 홀로 살 때는 오히려 솔로와 동떨어진 일상을 보냈다. 별 뜻 없이 친구에게 오늘 일정을 물으면 "살고 Salgo"라 답하곤 했다. '일단 나간다'는 말이다.

"누구 만나? 나가서 뭐하는데?" 같은 질문을 연이어 할 필요는 없었다. 그들은 나가서 만날 사람과 할 일을 미리 정하지 않는 경우가 대부분이니까. 아무런 약속 없이 단골 술집에 찾아가 그곳에 미리 와 있던 친구를 만날 게 뻔하니까.

그들은 일단 나가서 우연히 만난 친구와 한바탕 수다를 떤 다음, 다른 술집으로 자리를 옮겨 또 다른 친구와 만나고 헤어지기를 반복한다. 분명 홀로 나갔지만 홀로 지내지 않는다. 덕분에 나 역시 아무런 연고가 없는 타국에서 혼술을 한 날은 많지 않았다.

스페인에서는 주거 공간도 혼자 쓰는 경우가 드물다. 수많은 사회 초년병이 집에서 독립할 때 다른 사람과 한 아파트를 나누어 쓴다. 그러한 주거 문화 때문에 1인 가구가 살기 적당한 원룸 형태의 집도 드물다.

처음에는 낯선 이와 같은 공간을 나누어 써야 하는 일이 불편했지만, 나 역시 점점 스페인 사람의 '따로 또 같이' 문화에 익숙해졌다. 진정한 독립은 타인과 더불어 살면서 그 속에서 자유로워야 한다는 사실을 느긋이 깨달아 갔다.

나는 오래도록 홀로 살았고, 지금도 홀로 사는 중이다. 가벼우면서도 단단한 솔로의 삶은 어떠해야 하는지를 두고 연신 고민한다. 나처럼 홀로 살아가는 이들의 이야기를 담은 김희경 작가의 책 <에이징 솔로>는 홀로 사는 사람이 놓치지 말아야 할 대목을 콕 집는다.

혼자 사는 것은 가능하지만
역설적으로 혼자서만 살아가기란 불가능하다.
서로 꼴을 봐주고, 폐 끼침을
주고받는 연습이 필요하다.

지금은 나름대로 솔로의 지향점을 정했다. '따로'와 '같이'의

경계를 느슨히 지운 채 자신만의 뜰로 누군가를 초대하는 삶,
그렇게 자유롭고 다정한 솔로가 되려 한다.

 '나 혼자 산다'의 스페인어

스페인어 형용사는 명사의 성性에 따라 형태가 바뀐다. 스페인어에서 'Solo'는 형용
사 혹은 부사로, 남성 명사 뒤에서는 'Solo', 여성 명사 뒤에서는 'Sola'라고 쓴다. '나
혼자 산다'라는 뜻의 스페인어 문장도 화자의 성별에 따라 다음과 같이 달라진다.

남성 화자일 때 **Yo Vivo Solo!**

여성 화자일 때 **Yo Vivo Sola!**

모자라면 한 잔 더

Grande ^{그란데} · 큰

"아는 스페인어 단어 있나요?"

스페인어 수업 첫 시간, 수강생에게 이리 물으면 가장 자주 듣는 대답 중 하나가 그란데^{Grande}다. 번화가 사거리마다 들어선 스타벅스 때문인지 스페인어로 '작다'는 몰라도 '크다'는 뜻의 그란데는 대부분 안다.

그런데 스타벅스에서 사용하는 그란데는 스페인어만은 아니다. 영어와 스페인어의 솔로^{Solo}처럼 그란데 또한 같은 모양과 발음, 뜻을 가진 스페인어이자 이탈리아어다.

"스페인 사람도 스타벅스에 자주 가나요?"

앞선 질문에 그란데라고 답한 수강생은 꼭 이런 질문을 덧붙이곤 한다. 세비야에서 만난 친구 중에는 스타벅스에 단 한 번도 가지 않은 이도 많았다. 한 집 건너 한 집도 아니고 죄 작은 술집과 카페가 연이은 동네이다 보니 굳이 커피 체인점에 가지 않는다.

나 역시 스페인에 살 때 여행 온 한국 친구를 만나러 갈 때만 스타벅스에 갔다. 그 친구도 현지 카페를 경험한 다음에는 더는 스타벅스를 찾지 않았다. 테라스가 멋진 동네 카페에서 따사로운 햇살과 바람을 맞으며 취향에 맞는 커피를 골라 마시는 호사를 마다할 이 그 누구랴.

이탈리아의 한 카페에서 스타벅스의 영감을 얻은 하워드 슐츠 Haward Schultz 초대 회장은 용량 표기에 굳이 이탈리아어를 사용했다. 총 다섯 단계의 용량 중 237밀리리터 용량의 쇼트 Short 와 355밀리리터 용량의 톨 Tall 을 제외한 473밀리리터 용량의 그란데, 591밀리리터(20온즈) 용량의 벤티 Venti, 887밀리리터 (30온즈) 용량의 트렌타 Trenta 모두 이탈리아어다. 여기서 벤티와 트렌타는 각각 20과 30을 이른다.

정작 한 입 분량의 에스프레소 커피를 즐기는 이탈리아에서나 적은 양의 커피를 느긋이 즐기는 스페인에서나 그란데를 외칠 일은 없는데 말이다.

스페인은 커피뿐 아니라 다른 음식도 한입 거리가 많다. 타파스 Tapas 만 봐도 그렇다. 스페인에서는 음식을 시킬 때 라시온 Ración, 메디아 라시온 Media Ración, 타파 Tapa 등 분량도 함께 고른다. 순서대로 '한 접시, 반 접시, 작은 접시'를 뜻한다. 작은 용량의 음식을 가리키는 타파스는 스페인의 남부 지역에서 발달했고, 북부 지역에는 이와 유사하게 접시 대신 빵 위에 음식을 내는 삔초스Pinchos가 대세다.

'뚜껑'이라는 뜻의 타파Tapa의 유래를 두고는 여러 설이 존재한다. 그중 알폰소 왕과 얽힌 이야기가 유독 재미나다. 남쪽 바닷가 마을을 시찰하던 왕이 한 식당에서 와인을 주문한 후 잠시 산책하는 사이 왕의 술잔에 모래가 들어갈까 봐 걱정한 점원이 돼지고기를 숙성시켜 만든 생햄, 하몬Jamón 한 점을 담은 접시로 잔을 덮어두었다. 돌아와 와인과 함께 하몽을 맛본 왕은 '뚜껑 하나 더!'라고 주문했고, 이후로 타파는 술에 곁들이는 안주의 이름이 되었다고 전해진다.

타파 문화가 발달한 안달루시아의 몇몇 지역에서는 지금도 술을 추가로 시킬 때마다 새로운 타파를 무료로 주는 곳이 많은데, 매번 어떤 한입 거리가 나올지 기대하는 재미가 쏠쏠하다.

스페인의 한입 거리 음식으로 타파와 함께 '한 잔 생맥주'도 빼놓을 수 없다. 맥주를 무척 사랑하는 스페인 사람은 500밀리리터나 1.2리터 대용량 맥주가 아니라 카냐Caña라고 부르는 200밀리리터 용량의 한 잔 생맥주를 주문한다.

김이 빠지기 전 시원하게 마시고, 다시 새 잔을 주문한다. 그러니 같은 술집에 오래 머무르지도 않는다. 여러 술집에서 여러 잔의 카냐를 마시는 가벼운 '맥주 산책'을 즐긴다.

요컨대 스페인의 식문화에서 그란데의 비중은 크지 않다. 한입 거리 안주에 한 잔 생맥주를 곁들이며 서서히 배부른 삶을 선택해 기쁨만 '그란데'로 느낄 뿐이다.

스페인과 달리 한국은 요즘 다다익선多多益善을 교묘하게 비튼 대대익선大大益善이라는 말이 유행할 정도로 대용량 음식의 인기가 높다. 여기저기서 '많으면 많을수록, 크면 클수록'을 소리 높여 외친다.

기존 제품의 크기나 용량을 많게는 50%까지 늘린 점보 도시락, 자이언트 김밥뿐 아니라 8인분 분량의 컵라면, 패티를 무려 네 장이나 넣은 콰트로 햄버거 등 '더 크게, 더 많이'를 기치로 내건 제품을 속속 선보인다.

게다가 한 사람이 하루에 마셔도 되나 싶은 1리터 커피도 쉽게 눈에 띈다. 스타벅스도 올 여름 한정으로 지금까지 한국에서 판매하지 않던 트렌타를 선보였는데, 한 달 만에 무려 60만 잔 이상의 판매고를 올렸다.

조금씩 쌓아 그란데를 만드는 삶과 한번에 그란데를 취해 조금씩 음미하는 삶 중 어느 쪽이 더 나을까. 아마도 각자 만족감을 느끼는 지점에 따라 기쁨의 정도도 저마다 다를 테다. 진정한 만족은 '자신에게 얼마나 적당하고 알맞은가'에 달렸으니까.

한국에 돌아온 후, 세비야의 동네 술집에서 마시던 한입 거리 안주와 한 잔 생맥주가 사무치게 그리울 때가 있다. 그럴 때면 편의점에서 '네 개 만원' 하는 가성비 좋은 맥주를 고르는 대신 적은 양의 한입 거리 주전부리와 다소 비싸더라도 먹고 싶은 맥주를 딱 한 캔만 고른다. 넘치지 않고 적당하게, 딱 그만큼만 즐긴다.

 다양한 커피를 이르는 스페인어

카페 솔로 Café Solo 에스프레소

카페 아메리카노 Café Americano 아메리카노

카페 콘 레체 Café con Leche 카페라테

카페 만차도 Café Manchado 우유를 많이 넣은 커피

카페 코르타도 Café Cortado 우유를 적게 넣은 커피

카페 봄본 Café Bombón 연유를 넣은 커피

* 실제 스페인 카페에서 커피를 주문할 때는 커피 뒤에 영어의 플리즈Please나 프랑스어의 실 부 플레S'il Vous Plaît와 같은 뜻의 뽀르 파보르Por Favor을 덧붙인다.

Un Café con Leche, Por Favor.

* 차가운 커피를 원하면 뒤에 '얼음과 함께'라는 뜻의 콘 이엘로Con Hielo를 덧붙인다. 단, 스페인에서는 커피에 얼음을 넣지 않고 얼음을 담은 컵을 따로 준다.

잘 주고 잘 받는 일

Tiquitaca ^{티키타카} .

탁구공이 오고가는 소리와 모습을 담은 의성의태어

범수 : 아니 왜 돌려서 까요? 돌면 시간 드는데.

진주 : 시간 좀 들여요. 인간관계 원래 시간 좀 들이는 거 아닌가?

범수 : 지금 배려해서 문제를 지적해 주는 거잖아요.

진주 : 감독님은 잘 나가는 감독이고

　　　 나는 신인 작가인 건 알겠는데 입장 바꿔서 생각해봐요.

범수 : 아니 왜 입장을 바꿔요? 내 입장이 훨씬 좋은데.

　　　 난 그 말이 너무 웃긴 거 같아요.

진주 : 내가 감독님을 웃겼네. 뿌듯하네, 아주!

대사를 찰지게 쓰기로 유명한 영화감독, 이병헌이 연출과 극
본을 맡아 화제가 된 드라마 <멜로가 체질>에서 남녀 주인공
이 나눈 대화 중 일부다. 드라마 작가로 일하는 진주와 그녀가
쓴 대본을 보고 입바른 소리를 해대는 연출가, 범수의 대화는
만담처럼 끝없이 이어진다.

서로 감정이 상할 법도 한데 리듬감 좋은 문장과 재치 때문일까. 경쾌한 말 장단에 보는 사람까지 즐겁다. 이처럼 주고받는 맛이 나도 속도가 빠른 대화를 두고 시쳇말로 '티키타카가 좋다'고들 한다.

최근 들어 일상에서 자주 마주하는 단어가 바로 이 티키타카 Tiquitaca다. 처음 이 단어를 들었을 때는 쿵짝이 잘 맞는 대화를 표현하기 위해 자음과 모음의 짝을 맞춰 만든 우리말 신조어인 줄 알았다. 혹은 영어 토크토크Talktalk의 변형인가 싶었다. 하지만 놀랍게도 티키타카는 스페인어였다. 스페인에 5년이나 살면서 한 번도 듣거나 써 본 적 없는 단어가 어째서 우리나라에서 이리 널리 사랑 받는단 말인가.

이 책의 제목인 <이게 스페인어라고?>는 티카타카가 스페인어라는 사실을 처음 알았을 때 절로 터져나온 이응출판사 장세이 대표의 자문이기도 했다. 그날의 질문이 책의 단초가 되었다.

나 역시 똑같은 질문을 하며 뒤늦게 티키타카에 대해 상세히 찾아봤다. 그 과정에서 왜 티키타카를 모르고 살았는지 알았다. 티키타카는 애초에 탁구 용어다. 탁구공이 오고가는 모습과 소리를 담은 의성의태어다. 희한하게도 이 단어를 가장 많이 사용한 곳은 탁구 경기장이 아니라 축구 경기장이었다.

축구의 나라, 스페인답게 티키타카는 현지에서 축구 전술 용어로 널리 쓴다. 골을 넣으려고 같은 팀 선수끼리 공을 짧게 주고받는 전술을 티키타카라고 부른다. 축구에 관심이 없다면 티키타카를 모를 만도 하다.

스페인에서와 달리 우리말 속 티키타카는 축구장이 아닌 대화의 장에 자주 등장한다. 드물게 축구에 관심없는 스페인 친구에게 한국에서 끊임없이 주고받는 공처럼 쿵짝이 잘 맞는 대화나 막힘없이 이어지는 대화를 티키타카에 빗댄다고 하면 몹시 놀란다.

곰곰히 생각하면 스페인 사람의 대화는 티키타카가 좋은 대화는 아니다. 그들은 주고받기보다는 일방적으로 '주는' 방식의 대화를 하는 경우가 많다. 상대방의 말이 채 끝나기도 전에 자신의 말을 시작하는 모습을 보며 좋은 대화란 무엇인가, 자문한 적이 한두 번이 아니다.

이런 스페인 사람의 대화는 언어의 특징과도 맞물려 있다. 스페인어는 주어 뒤에 바로 동사가 나오는 언어다. 심지어 주어가 생략되는 경우도 많아 사실상 동사가 문장의 선두주자다. 우리말은 동사 위치가 문장 끝이라 '한국말은 끝까지 들어봐야 안다'고 하는데 스페인어는 그 반대인 셈이다. 끝까지 듣지 않아도 다 안다고 생각한다. 동사가 등장하는 순간 뒤에 덧붙는 다른 말과 상관없이 상대방의 문장에 서둘러 마침표를 찍고 자신의 말을 시작한다.

신기하게도 자신의 의견이나 주장만 펼치는 듯 보이는 이런 대화 아닌 대화는 밤새 이어진다. 탁구공이 가볍게 오가기는커녕 상대방에게 날린 수많은 공이 계속 쌓여만 가는데 그러거나 말거나 양 선수는 탁구대 앞을 떠나지 않는다. 스페인 사람이 축구 전술, 티키타카뿐 아니라 대화에 적용할 만한 티키타카의 효능을 안다면 얼마나 좋을까.

여하튼 그러한 대화에 동참하느라 스페인에 사는 동안 나 역시 '너는 한국인치고 말이 참 많네'라는 소리를 종종 들을 만큼 말수가 늘고 말하는 속도도 빨라졌다. 한편으로는 그 덕에 스페인어가 많이 늘었다. 서두르지 않으면 언제 상대방이 내 말을 자르고 들어올지 몰라 조급해하던 마음이 되레 스페인어 실력을 키웠다.

요즘 젊은 세대는 '티키타카가 가능한가'로 호감도를 가늠한다고들 한다. 척 하면 척 하는 대화, 막힘 없이 주고받는 대화, 짧고 빠르게 이어지는 경쾌한 대화를 실제로 나누기란 쉽지 않은데 말이다.

축구 선수가 상대의 공을 빠르고 정확하게 되받아치고 끝내 골인으로 잇기 위해서는 타고난 개인기와 감각만이 아닌 선수

간의 호흡과 신뢰가 중요하다.

"시간 좀 들여요. 인간관계 시간 좀 들이는 거 아닌가?"

드라마 속 진주의 말처럼 모처럼 기분 좋은 대화를 시작했다면 가벼운 말맛에 만족하며 서둘러 마침표를 찍기보다는 지속 가능한 소통, 새로운 관계로 이어지는 길고 느긋한 공감으로 이어가도 좋지 않을까.

 된소리로 발음하는 스페인어

스페인어에는 'ㄲ, ㅃ, ㄸ, ㅆ' 등 된소리 발음이 많다. 'P'는 'ㅃ', 'T'는 'ㄸ'으로 발음한다. 'S, C, Z, X'의 경우에도 단어 내 위치와 뒤따르는 모음에 따라 'ㅆ'으로 발음하는 경우가 많다. 또 'K'로 시작하는 스페인어 단어는 외래어 발음을 표기할 때만 쓰며, 'ㄲ'으로 발음한다.

공교롭게도 스페인어 특유의 된소리 발음은 한국인이 구사하기에 유리하다. 된소리에 익숙한 한국인과 달리 된소리가 발달하지 않은 영어권 사람에게 스페인어의 된소리 발음은 큰 장벽이다. 그러니 티키타카부터 한국인의 강점을 살려 '띠끼따까'라고 발음하면 어떨지.

우리 모두 여기에

Plaza ^{플라사} · 광장

여행자에게 스페인광장 ^{Plaza de España}은 세비야의 주요 관광 명소다. 하지만 그곳에 살러간 이에게는 외국인 체류증을 발급받는 장소일 뿐이다. 광장에 위치한 한 건물에 외국인 사무소가 자리한 탓이다.

비자를 연장하러 스페인광장에 가는 일은 달갑지 않은 연례행사였다. 아름답기로 소문난 광장이건만 그런 이유로 아무런 감동도 느끼지 못했다. 스페인광장은 말로만 듣던 스페인의 느린 업무 처리 과정과 행정 시스템을 체험하는 지루한 공간일 뿐이었다.

얼마 전 스페인에 여행 간 친구가 SNS에 스페인광장 사진을 올리고 '정말이지 아름답다'고 덧붙였길래 '매년 지루한 기다림을 선사한 곳'이라는 댓글을 달았더니 그조차 낭만적이라나 뭐라나. 이처럼 누군가에게는 잊히지 않는 여행지가 누군가에게는 일상의 장소일 뿐이다.

스페인광장은 세비야뿐 아니라 스페인의 여러 도시, 그리고 아예 다른 나라에도 있다. 마드리드의 스페인광장에는 스페인을 대표하는 <돈키호테>의 작가, 세르반테스 서거 300주년을 기념하는 탑과 돈키호테와 산초의 동상이 자리한다. 한편 바르셀로나의 스페인광장은 몬주익 분수쇼로 널리 알려졌다.

재미나게도 대중에게 가장 익숙한 스페인광장은 스페인이 아니라 이탈리아 로마에 있다. 영화 <로마의 휴일>에서 오드리 헵번이 아이스크림을 먹던 계단으로 유명한 곳이다. 17세기 당시 스페인 대사가 그 광장에 대사관을 두면서 스페인광장이라는 이름이 붙었다.

이쯤에서 줄기로 돌아와 플라사^{Plaza}는 스페인어이기도 하지만 스페인뿐 아니라 여러 나라에서 다양한 형태나 용도의 장소를 통칭하는 말로 쓴다. 주로 도심에서 다중이 모이는 넓은 장소를 이르며, 아예 시장이나 행사, 박람회 등을 지칭하기도 한다.

한국에서는 주로 영어식 표기법에 따라 '플라자'라고 쓰며, 서울시청 앞 광장 맞은편 반백 년 역사의 더플라자호텔을 필두로 삼성 디지털플라자, AK플라자백화점, KT플라자 등 각종 상표 이름에 쓰여 친숙한 단어다.

플라사의 뿌리라 할 '넓은 거리'라는 뜻의 라틴어 플라테아

Platea의 위력 때문일까. 광장은 국가와 도시별로 그 형태와 쓰임이 다양하게 확장되었다. 광장의 사전 상 의미는 '여러 사람이 모이도록 거리에 만든 넓은 빈터'다. 광장과 형태가 비슷한 듯 다른 도시 공간, 공원과 그 의미를 비교하면 광장의 특징은 보다 선명해진다.

공원은 휴양이나 놀이를 위한 정원, 유원지, 동산 등의 시설이다. 공원이 바쁜 일상에서 잠시 심호흡하는 '숨의 공간'이라면, 광장은 도시의 길목에 자리한 '화합의 터전'이다. 광장은 한데 모여 다양한 활동을 하는 장소이기에 수시로 성격도 변한다.

여의도에서 직장 생활을 하던 1999년 '여의도광장'의 공원화 사업이 진행되었다. 당시 '여의도공원' 사업에 반대하는 이들은 그곳을 연결과 참여의 공간으로 남겨두자고 주장했다.

그런 점에서 광장은 단지 규모가 크고 넓은 공간만을 뜻하지는 않는다. 스페인의 도시에는 주요 관공서와 성당이 자리한 중심가에 주로 거대한 광장이 자리하고, 동시에 도시 곳곳에 작은 광장도 많다.

'작은 광장'이라는 단어 조합이 어색하지만, 좁은 골목이 모이는 길목은 그 자체로 광장이라 할 만하다. 너르고 시원한 도심의 큰 광장에 비해 작고 아늑한 광장, 스페인에서의 약속 장소는 주로 작은 광장이었다. 플라사가 가진 가장 작은 의미는

'자리'다. 스페인에서는 열차표에도 플라사가 등장한다. 대학의 입학 정원이나 공간의 수용 인원을 나타낼 때의 플라사는 딱 한 사람을 위한 '자리'라는 의미다.

도시 곳곳에 다양한 크기로 무수한 사연을 품은 채 존재하는 광장 또한 한 자리에서 시작한다. 한 자리가 모여 비로소 광장이 되니 플라사는 벽돌 한 장부터 집 한 채까지 아우르는 참으로 작고 큰 말이다.

 뒤에 붙어 앞말을 작게 만드는 스페인어

스페인의 작은 광장은 종종 플라사 대신 플라시타Placita라고 부른다. 스페인어 중 단어 끝에 'ito, ita'가 붙은 말은 본래 단어보다 '작다'는 의미다. 우리에게 친숙한 '아가씨'를 이르는 세뇨리타Señorita도 '부인'을 이르는 세뇨라Señora에서 'a'를 빼고 'ita'를 덧붙인 말이다.

찬란한 태양을 향하여

Parasol 파라솔 · 파라솔

세비야의 엔카르나시온광장 Plaza de Encarnación에는 메트로폴 파라솔 Metropol Parasol이라는 목조 건축물이 있다. 2011년, 6년 만에 완공한 이 건물은 마치 버섯처럼 생겨 세비야 사람들은 '버섯들'이라는 뜻의 세타스 Setas 혹은 구시가지에 생뚱맞은 현대 건축물의 등장을 반대한 이들은 '못생긴 버섯'이라는 뜻의 세타 페아 Seta Fea라고도 부른다.

독일 건축가인 율겐 마이어 헤르만 Jürgen Mayer Hermann이 국제 현상설계공모에 당선되어 건축했는데 '버섯들'이라는 예명이 주는 아담한 느낌과는 달리 대략 가로 150미터, 세로 70미터, 높이 28미터의 규모로 목조 건축물로는 세계에서도 손꼽히는 크기나.

여행자가 아닌 현지인으로 이 건축물의 탄생을 지켜본 나에게는 메트로폴 파라솔이라는 명칭이 너무 낯설었다. 세비야에 여행 온 한국인 친구와 야경을 보러 그 건축물에 올랐을 때 안

내판을 유심히 보던 친구가 물었다.

"근데 파라솔이 스페인어야? 이 단어 '해'와 관련 있어?"

그제서야 한 번도 떼놓고 생각하지 않았던 파라솔^{Parasol}의 태양이 눈에 들어왔다. '파라솔'은 막다 ^{Parar}라는 동사와 태양^{Sol}이라는 명사가 합해진 단어로 고로 '태양을 막다'는 뜻이다. 스페인어를 배운 지 7년 만에, 스페인어는 인삿말조차 제대로 모르는 친구 덕분에 큰 깨달음을 얻었다.

파라솔의 단어 구조를 깨우치니 새로 보이는 스페인어가 꽤 되었다. 유독 외우기 힘들었던 우산 ^{Paraguas}은 물 ^{Agua}을, 낙하산^{Paracaidas}은 추락 ^{Caida}을, 피뢰침 ^{Pararrayos}은 번개 ^{Rayo}를, 바람막이^{Parabrisas}는 바람 ^{Brisa}을 막는 구조였다. 이 뒤늦은 깨달음을 SNS에 올렸더니 의외로 많은 스페인 친구가 크게 호응하며 댓글에 같은 구조의 단어를 찾아 올렸다.

지중해에 면한 휴양지, 말라가 해안은 태양의 해변 ^{Costa del Sol}이라고도 불린다. 연중 300여 일 동안 섭씨 20도의 기온을 유지하는, 그야말로 태양의 기운이 오래도록 머무는 곳이다.

흔히 지중해 하면 푸른 바다와 해변의 파라솔을 떠올리지만, 이곳의 주인공은 그 이름에 품은 찬란한 태양이다. 스페인과 태양의 밀접한 관계는 바다에만 머물지 않는다. 괜히 스페인을 '태양의 나라'라고 부르는 게 아니다.

한때 광대한 식민지를 거느린 대제국이던 스페인은 '태양이 지지 않는 나라'였다. 한편 세계 최고의 식도락 국가라는 명성을 지키는 데도 태양이 큰 역할을 했다. 연중 일조량이 풍부해 농약을 뿌리지 않아도 풍성한 농작물이 잘 자란다. '유럽의 텃밭'이라 불릴 정도로 온 대지가 풍요롭다.

그러고 보면 스페인과 '태양을 막다'는 뜻의 파라솔은 썩 어울리지 않는 한 쌍이다. 기온이 섭씨 40도까지 치솟는 한여름, 남쪽의 세비야보다 선선한 스페인 북부 지역으로 잠시 여행을 다녀왔다. 여행을 마치고 다시 세비야에 돌아오니 태양의 열기가 뜨겁게 환영 인사를 건넸다.

누가 먼저랄 것도 없이 비행기에서 내린 승객의 입에서는 아이, 솔! ¡Ay, Sol 소리가 터져나왔다. '아이고, 태양!'은 탄식이 아니라 감탄에 가까웠다. 외국인인 나조차 흐린 북부에 머물며 세비야의 태양을 그렸는데 매일 강렬한 태양을 이고 산 이들의 마음은 오죽했을까.

세비야 도심 한가운데 자리한 메트로폴 파라솔은 '도시의 파라솔'이라고도 부르지만 그늘막보다는 그 위에 올라 온몸으로 태양을 받으며 도심을 내려다보는 용도로 더 많이 애용한다. 한갓 파라솔로 막아봤자 스페인의 태양은 여전히 강렬하고, 스페인 사람 역시 파라솔 너머 태양을 기꺼이 반긴다.

어쩌면 파라솔의 파라 para를 동사 '막다 Parar'의 3인칭 변형이 아닌 그 단어 자체로 고스란히 쓰이는 전치사 '위해, 향해'로 해석하는 편이 나을지도 모르겠다. 그리 여기니 이룰 수 없는 꿈을 향해 풍차로 돌진하던 돈키호테의 이러한 외침이 들리는 듯도 하다.

"태양을 향하여! ¡Para sol"

 기막힌 조합으로 이뤄진 스페인어

스페인 친구가 파라솔과 같은 합성어의 예로 알려 준 단어 중에 '뛰다'와 '산'을 합친 살타몬테 Saltamonte, 메뚜기가 인상 깊었다. 왜냐하면 메뚜기의 우리네 옛말 '묏도기'는 산을 이르는 '뫼'와 '뛰다'는 뜻을 가진 '도기'의 합성어이기 때문이다. 참고로 스페인어로 벌은 아베하 Abeja, 나비는 마리포사 Mariposa, 파리는 모스카 Mosca, 모기는 모스키토 Mosquito로 모두 합성어가 아니다.

진짜가 진짜다

Real ^{레알} · 진짜

"한국인은 평소 어떤 말을 많이 하던가요?"

스페인에서 한국어 수업을 하던 중 수강생에게 이런 질문을 던졌다. 한국 드라마나 예능 프로그램을 자주 보는 이들이기에 그럴싸한 답이 나오리라 예상했다. 아마도 '빨리 빨리'가 아닐까 했는데, 그들의 대답은 의외였다.

"진짜?요."

그 답을 듣는 순간 나 역시 '진짜?'라고 되물어 한바탕 웃었다. 이후 한국인의 대화를 유심히 살피니 추임새 삼아 '진짜?'라는 말을 참 많이도 썼다. 나 역시 상대의 이야기 끝에 '그래? 진짜?'를 습관처럼 반복했다. 뭐가 그리 못 미더운지 확인하고 재확인했다.

스페인어로 '진짜'는 영어와 철자는 같고 발음만 다르다. 한데 정작 스페인에서 레알 ^{Real}은 '진짜'라는 의미로는 잘 쓰지 않는다. 그보다는 '왕실'을 뜻할 때가 많다.

마드리드 왕의 거처인 왕궁Placio Real이나 왕족Familia Real이 그 대표 사례다. 축구를 좋아한다면 누구나 알 만한, 한국에 레알을 전파하는 데 혁혁한 공을 세운 축구 팀 레알 마드리드Real Madrid도 '진짜 마드리드'라는 뜻이 아니다. 스페인 왕이 친히 칭호를 하사한 팀이라서 선두에 레알이 붙었는데, 레알이 붙은 축구 팀은 레알 마드리드 말고도 무수하다.

한국인이 일상에서 자주 쓰는 스페인어, 레알은 스페인에서와 달리 온전히 '진짜'의 의미다. 그 이유는 외국인도 단박에 느낄 만큼 한국인이 '진짜'라는 말을 많이 쓰는 습관과 맞물린다. '진짜'와 같은 의미의 다채로운 단어가 필요하다 보니 스페인어까지 끌어온 지도 모른다.

이제 레알Real은 애초에 우리말 단어 같을 정도다. 심지어 요즘 유행하는 초성체 대화에도 'ㅇㄱㄹㅇ(이거 레알)?'이 빈번히 등장한다.

지난 여름, 로마에 사는 스페인과 브라질 국적의 친구 둘이 한국에 놀러왔다. 서울을 여행한 일주일 동안 그들이 가장 큰 인상을 받은 대목은 과거의 한국이 아니라 현재, 어쩌면 미래의 한국이었다.

유럽에서 온 친구들은 그곳의 다소 오래고 묵직한 분위기와 다른 한국의 첨단 기술력에 감탄했다. 서울 삼성동, 코엑스 전

광판의 3D 미디어아트 작품을 넋 놓고 바라보고, 국립민속박물관과 국립중앙박물관의 디지털 영상 전시를 보고 감탄사를 연발했다. 분명 가짜인데 진짜처럼 보이거나 실재를 가공해 더 나은 실재처럼 만든 영상처럼 친구들이 가장 놀란 대목은 의외로 가상 세계였다.

그 반응에 잠시 어깨를 으쓱했지만 한편으로는 좀 씁쓸했다. 문득 몇 해 전, 레지던시 프로그램에 참여해 3개월 동안 한국에 머문 칠레의 예술가 친구, 막시모Maximo가 생각났다.

'포장이 잘 된 화려한 도시'라며 서울을 흔한 대도시처럼 묘사한 막시모는 떠날 때쯤에야 서울이 너무 좋다며 꼭 다시 오고 싶다, 아예 눌러살고 싶다고 했다. 왜 마음이 바뀌었는지 묻자 막시모는 칭찬인지 비난인지 모를 모호한 말을 했다.

"서울은 가짜가 너무 진짜 같아서 중독되는 도시야."

한 미디어아트 전시장에서 실제 파도가 치는 듯한 거대한 바다를 마주했을 때 나도 비슷한 생각을 했다. 실재하지 않는 바다를 배경으로 사진을 찍는 이들을 보며 문득 궁금했다. 조금만 나가면 진짜 바다가 있는데, 왜 이리 진짜 같은 가짜에 열광할까.

가상 현실이 보편화되면서 진짜와 가짜의 경계는 더욱 모호하다. 가짜 같은 진짜, 진짜 같은 가짜가 혼재한다. 이 풍요로운 혼란을 탐험하는 일은 꽤 그럴싸하고 멋스럽다.

한편으로는 재가공된 그럴싸한 가짜 세상 때문에 진짜 세상이 사라지지는 않을지 두렵다. 그 두려움을 안고 오늘도 이리 되물을 뿐이다.

"이거 레알?"

 '진짜?'를 이르는 여러 스페인어

'정말? 그래? 맞아? 정녕? 진정?' 등 엇비슷한 뜻을 가진 우리말이 여럿이듯 스페인어로 '진짜?'를 뜻하는 말도 여러 가지다. 앞서 소개했듯 '정말?'이라고 할 때 레알 Real 보다 다음 세 단어를 자주 쓴다.

시? ¿Sí? 그래?

베르다드? ¿Verdad? 진실로?

엔 세리오? ¿En serio? 진정코?

스페인어 이름 지어 볼래요

Yosigo ^{요시고} · 나는 계속한다

한국인을 대상으로 하는 스페인어 강의의 첫 번째 숙제는 수업 시간에 쓸 '스페인어 이름 짓기'다. 인터넷에서 스페인어 이름을 검색하기보다는 좋아하거나 의미 있는 단어로 새 이름을 지어 보라고 권한다.

이메일이나 SNS 아이디를 만들 때처럼 고심하라는 의도도 있지만, 이제 막 알파벳을 배운 실력으로 새 이름을 짓기란 쉽지 않기 때문이다. 간혹 '구름, 바람, 딸기'를 뜻하는 누베 ^{Nube}, 비엔토 ^{Viento}, 프레사 ^{Fresa} 같은 이름을 짓는 경우도 있지만, 결국 수강생 대부분 흔한 이름을 지어온다.

사실 나의 스페인어 이름 역시 뻔하다. 우리말 이름 '홍은'을 영어로 바꾼 레드실버 ^{Redsilver}처럼 로하플라타 ^{Rojaplata}로 지을까 하다가 결국 '붉은'이라는 뜻의 로하 ^{Roja}로 정했다.

로하는 발음하기 이려운 단어다. 스페인어에서 'R'이 첫자일 때는 혀를 떨어야 하는데, 이는 한국인이 가장 어려워하는 발

음 중 하나다. 또 로하는 현지에서 흔치 않은 이름이라 매번 그 이름의 유래를 설명해야 했다.

그럴 때면 전혀 상관도 없는 튀르기예 작가, 오르한 파묵의 책 <내 이름은 빨강^{Me Llamo Rojo}>을 들먹이며 포장했다. 남미에서는 '돈'이라는 뜻으로도 쓰는 플라타^{Plata}로 할 걸 그랬나, 후회했다. 그럼 돈이 좀 들어오지 않았을까도 싶고 그런 이유라면 의미는 몰라도 여러모로 재미있을 듯해서.

실상 한국과 달리 스페인에서는 이름에 거창한 의미를 담지 않는다. 종교 색을 띤 이름이 대부분이고 그나마도 이미 존재하는 이름 중에 선택하기 때문에 똑같은 이름도 무수하다. 스페인에는 수많은 헤수스^{Jesús}와 마리아^{María}를 이웃으로 두고 산다.

스페인에서 쓰던 휴대전화 주소록에는 '학교 마리아, 한국어학생 마리아, 플라멩코 수업 동기 마리아' 등 마리아 목록만 해도 꽤나 길었다. 또 스페인에서는 약어로 부르는 이름도 많은데, 호세^{José}를 이르는 페페^{Pepe}, 프란시스코^{Francisco}를 뜻하는 파코^{Paco} 등이 그 예다. 여자 이름 중에 롤라^{Lola}는 돌로레스^{Dolores}의 애칭으로 '고통'을 뜻한다. '고통아, 고통아!' 부를 수 없어 그냥 롤라라고 부른다.

이처럼 스페인에서 이름은 짓기보다는 '고르기'라 해야 알맞다. 이에 비하면 우리나라의 작명 문화는 창의성이 강하다. 발음도 두루 살피고, 한자 뜻도 고려한다. 이름이 운을 결정한다며 큰돈을 들여 짓기도 한다.

스페인어 이름 짓기 숙제를 낼 때마다 참고 사례가 될 이름이 마땅치 않았는데, 드디어 옳다구나 싶은 이름을 발견했다. 몇 해 전, 서울에서 전시를 열어 큰 인기를 끈 스페인 출신의 사진작가 요시고 Yosigo다.

요시고 사진전은 세계 곳곳의 풍경과 장소를 작가만의 색감과 구도로 담아 마치 여행하듯 즐길 수 있는 전시였다. 특히 전시 기간이 여행이 제한되던 펜데믹 시기여서 많은 사람들이 그의 사진을 위안 삼아 대리만족을 했다. 그 덕에 전시가 한번 연장이 될 만큼 인기가 많았다.

요시고가 스페인어라고 하면 다들 놀라곤 하는데, 대부분 일본 이름인 줄 안 탓이다. 어감이 일본어와 비슷하고 우리가 흔히 아는 스페인어 이름과는 영 다르기 때문일 테다. 요시고는 본명 호세 하비에르 세라노 José Javier Serrano와 무관하게 작가가 지은 활동명이며, 두 단어를 조합한 이름이다.

요Yo는 '나', 시고 Sigo는 '계속하다', 곧 요시고는 '나는 계속한다'는 뜻이다. 사진작가가 되기로 결심했을 때 이버지기 직접 지어 선물한 시에서 인용한 문장이자 '이 일을 계속 이어가겠다'는 의지를 담은 이름이라고 한다. 요시고는 스페인어 이름 짓기의 좋은 예시뿐 아니라 '스스로 이름 짓기'라는 보다 광범위한 숙제의 모범 답안 같다.

생각해 보면 골라 만든 이름이건, 애써 지은 이름이건 이름 짓기는 이름의 주인이 아니라 그 사람의 주변 사람 중 누군가가 하는 일이다. 우리는 그렇게 자신이 아닌 타인이 지은 이름을 달고 평생을 산다.

한 한국인 예술가 친구는 현재의 작업에 맞게 예명을 자유롭게 바꾸곤 한다. 예명으로 활동하는 예술가는 종종 있지만 그녀처럼 수시로 이름을 바꾸는 예는 드물다. 해서 오랜 지기이면서도 그 친구를 만날 때면 '이름이 뭐니?'라는 질문부터 건넨다.

한때 유행했던 아메리카 인디언식 이름 짓기도 도움이 되려나. 이들은 평생 하나의 이름을 쓰지 않고 인생에서 중요한 순간 또는 시기에 따라 이름을 바꾸었다. 태어나기 전, 혹은 태어난 후 지은 과거의 이름이 아니라 오늘의 자신을 반영한 이름은 현재를 반추하는 주제도 될 테다.

태어나 처음 불리는 이름은 어쩔 수 없대도 두세 번째 이름은 스스로 지을 법하다. 이름 짓기에 앞서 요시고, 예술가 친구, 아메리칸 인디언을 떠올리며 이리 자문한다. 지금, 나는 어떻게 살고 앞으로 어떤 모습으로 살고 싶은가.

문득 '나는 계속한다'는 뜻의 요시고라는 이름처럼 인생에 거는 주문 같은 이름, 살고자 하는 바를 간결히 담은 이름 하나 갖고 싶다. '자신을 잘 아는 삶'을 살고자 하는 마음으로 요미로Yo Miro라고 이름 지을까. 여기서 미로Miro는 '들여다 보다'는 뜻이다.

 '나는 누구입니다'를 이르는 스페인어

스페인어 수업에서는 자기 이름 말하기를 제일 처음 배운다. 앞서 소개한 요Yo 나음에 '(이)다'라는 뜻의 소이Soy와 자신의 이름을 연이으면 기본 소개 문장이 된다.

¡Yo Soy Roja!

천사는 어디에 사는가

Los Angeles 로스앤젤레스 · 천사들

얼마 전, 지하철 2호선을 타고 잠실 방향으로 가다가 신천역이 잠실새내역으로 바뀐 사실을 알았다. 이전부터 같은 노선의 다른 신촌역과 헷갈린다는 지적이 있기는 했다. 하지만 '새내'라는 단어는 영 낯설었다.

신천新川의 순우리말이 새내라는 사실을 알고서야 고개를 주억거렸다. 주택가와 식당가로 이뤄진 도심의 흔한 동네에 '새로운 개울'이라는 이름을 붙이자 맑은 냇물이 흐르는 평화로운 마을인 듯 다가왔다.

서울 신촌동에서 '신촌서당'이라는 문화 공간을 운영하던 친구가 경주에 새 공간을 열며 같은 이름을 붙였을 때 왜 경주서당이 아닌지 의아했다. 하지만 신천이 새 개울이듯 신촌新村은 '새로운 마을'이라고 생각하니 새 동네에 새 둥지를 트는 이름으로 딱이다 싶었다. 이처럼 별 의미 없이 부르는 곳의 의미를 알면 그 장소가 더 특별해지기도 한다.

스페인어 수업 초반, 어떤 수강생은 이미 알던 몇몇 도시명을 전혀 다르게 발음해야 한다는 사실에 놀라곤 한다. 특히 미국에 스페인어 이름이 붙은 도시가 많은데, 이는 1846년에 일어난 미국 멕시코 전쟁 때문이다. 이 전쟁에 패하면서 멕시코 국토의 상당 부분이 미국에 귀속되었고, 스페인어로 된 도시 이름도 그대로 남았다.

그 대표 사례가 로스앤젤레스다. 스페인어로는 '로스앙헬레스'라고 발음하며, 뜻은 '천사들'이다. 한국 이민자가 많은 로스앤젤레스는 줄여서 LA라고 부르거나 더 예전에는 나성 혹은 라성羅城으로도 불렀다.

'나성에 가면 편지를 띄우세요'로 시작하는, 1978년에 발표된 '나성에 가면'이라는 노래는 최근에 영화 주제곡이나 개작곡으로 다시 인기를 끌었는데, 여기서 말하는 나성이 바로 로스앤젤레스다. 한때 '나성특별시'라는 별칭으로도 불렸건만 이제 나성은 거의 사용하지 않는다.

이처럼 하나의 지명을 다른 언어로 부르는 과정에서 여러 의미와 사연을 갖는 모습은 무척 흥미롭다. 원래의 뜻과 달리 갖가지 흥미로운 사연을 가진 스페인어 지명이 연이어 떠오른다.

그중 해발고도 3천 미터의 고지대에 지리한 볼리비아의 수도 라파스La Paz는 '평화'라는 뜻으로, 2004년 처음 간 그곳은 평화와는 무척 거리가 멀었다.

치안이 불안하며 특히 택시 강도를 조심하라는 주의를 많이 들은 탓일까. 이른 새벽, 야간 버스를 타고 터미널에 도착해 숙소까지 택시로 이동하는 짧은 시간 동안 얼마나 긴장을 했는지 모른다. 마침내 숙소에 도착해 한숨 돌린 후, 초인종을 눌렀는데 아무 기척이 없었다.

택시 기사는 제 갈 길로 가지 않고 자꾸 나를 힐끔거렸다. 의심과 불안이 극에 달한 순간, 그제야 직원이 문을 열었고, 택시 기사는 환히 웃으며 돌아갔다. 그는 내가 안전하게 숙소에 들어가는 모습을 확인하려 했을 뿐인데 괜히 의심을 키운 자신이 부끄러웠다. 모든 긴장이 풀리자 그제야 라파스는 그제야 '평화의 도시'로 다가왔다.

아르헨티나의 수도, 부에노스아이레스Buenos Aires는 '좋은 분위기'라는 뜻이다. 다른 여행자처럼 나 역시 분위기 좋은 도시와 금방 사랑에 빠질 줄 알았다. 하지만 도착하자마자 여러 환전소를 전전하기 바빴다.

아르헨티나에서는 대부분의 여행자가 환율을 잘 쳐 주는 비공식 환전소를 찾는다. 호객 행위에 이끌려 어느 구두방 뒤편이나 건물 지하로 가는 동안 너무나 불안했다. 결국 그 좋다는 부에노스아이레스의 분위기를 만끽하며 자유로워지기까지는 꽤 오랜 시간이 걸렸다.

부에노스아이레스의 한 민속박물관에서 한 달 가량 남미의 고대 도자기를 배우고, 탱고 무용수인 숙소 주인을 따라 열정이 가득한 그곳의 밤 문화를 즐겼다. 그렇게 부에노스아이레스의 이면을 대면하고 나서야 진정 그 도시의 좋은 분위기를 만끽했다.

스페인 세비야에도 화려한 미국의 도시, 라스베이거스 ᴸᵃˢ ⱽᵉᵍᵃˢ 와 똑같은 이름의 동네가 있다. 우연히 플라멩코 공연을 보러 간 동네 인근의 라스베이거스는 일대에서 가장 위험한 범죄 지구로 불리며 경찰관조차 쉬이 들어가려 하지 않는 곳이었다.

나중에 그 이야기를 전해 들은 한 친구는 다시는 그 근처에도 가지 말라며 신신당부했다. 화려한 불빛으로 가득한 미국의 도시나 범죄로 가득한 스페인의 동네나 둘 중 어느 하나도 '초원'이라는 본뜻과는 멀어 보였다.

지명이든 인명이든 그곳이나 그 사람이 이룰 바를 담아 이름 짓는 경우가 많다. 실제로 그 어딘가에 '천사의 도시, 평화로운 도시, 분위기 좋은 도시, 초원 같은 도시'가 존재한다면 그 얼마나 좋을까.

2017년, 한국에 돌아와 처음 작업실을 열 때 이름을 뭘로 지을지 고심했다. '누구나 평화로이 머무는 공간'을 만들고 싶다는 마음을 담아 장고 끝에 '정거장'이라는 뜻의 라 빠라다^{La Parada}라고 이름 지었다. 이후 때때로 자문한다. 이곳이 그 누군가에게 진정 아늑한 정거장인가.

 한국인이 자주 찾는 스페인어로 된 도시 이름의 뜻

그라나다 Granada 석류

스페인 남부 도시로 알람브라궁전 ^{Palacio de la Alhambra}이 대표 명소다. 라틴어로 석류를 이르는 그라나툼^{Granatum}이나 '순례자의 도시'라는 뜻의 아랍어 가라낫^{Garanat}에서 유래한 이름이라는 설이 있다.

마르베야 Marbella 아름다운 바다

본뜻 그대로 태양의 해변, 코스타 델 솔 ^{Costa del Sol}에 위치한 고급 휴양지로 지중해 하면 떠오르는 하얀 건물이 가득한 도시다.

푼타아레나스 Punta Arenas 모래 끝

긴 반도에 자리한 칠레에서도 최남단에 자리한 도시로, 하루에 사계절을 겪는다는 토레스 델 파이네 ^{Torres del Paine}국립공원의 파타고니아 트레킹을 하려면 반드시 들르는 곳이다. 도심의 아르마스광장 ^{Plaza de Armas}에 자리한 마젤란동상 발가락을 만지면 다시 그곳으로 돌아간다는 설이 있다.

한국에는 빵이 없다

Pan^판 · 빵

나는 빵과 떡 중 하나를 고르라면 일초의 망설임도 없이 떡을 고르는 떡보다. 밀가루보다 쌀을 선호하는 토종 한국인이라 빵이 주식인 스페인에 살러 간다고 했을 때 다들 걱정했다. 덧붙여 음식 때문에라도 오래되지 않아 한국으로 돌아오리라고 예언했다.

그럼에도 빵의 나라에서 5년이나 살았다. 갑자기 빵이 너무 좋아져서는 아니다. 그저 스페인에서도 한국 쌀과 제법 비슷한 쌀을 팔기에 굶지 않았을 뿐이다. 그렇게 세비야에서도 전기밥솥에 밥 지어 먹으며 살았다.

스페인은 산지, 품종, 모양, 제조법 등에 따라 다른 300여 종의 빵을 파는 나라라서 아무리 쌀밥으로 끼니를 해결한다 해도 마냥 빵을 멀리할 수는 없었다. 쌀과 잡곡 종류도 다양하고 지역과 품종에 따라 철원쌀, 여주쌀, 부안쌀, 신동진쌀 등 그 종류가 무궁무진한 한국처럼 스페인의 밀도 지역과 품종에 따라 다채롭다. 더불어 빵을 만드는 방식과 모양까지 수천 가지라 한국이 '밥 천국'이라면 스페인은 실로 '빵 천국'이다.

스페인 빵은 맛에 따라 크게 짠 빵Pan Salado과 단 빵Pan Dulce으로 나눈다. 짠 빵은 주로 끼니로 먹거나 식사에 곁들이고, 단 빵은 디저트나 간식으로 먹는다. '빵 없는 식탁 없고, 대장 없는 군대 없다Ni Mesa sin Pan, Ni Ejército sin Capitán'는 스페인어 속담에서 말하듯 스페인 식탁의 주연은 빵이다.

한국이라면 밥이 있어야 할 자리에 빵이 들어간 스페인식 표현이 많다. '밥벌이'는 빵벌이Ganar Pan이고 '식은 죽 먹기'는 '먹은 빵이다Pan Comido'라고 한다.

이렇다 보니 스페인의 빵과 한국의 빵 사이의 거리는 한없이 먼데, 재미나게도 '빵'이라는 명칭은 똑같이 쓴다. 발음만 조금 다르게 스페인어에서는 빵을 빤Pan이라고 할 뿐이다. 스페인어를 배우는 한국인뿐 아니라 한국어를 배우는 스페인 사람도 똑같은 철자, 엇비슷한 발음의 빵을 반가워한다.

요즘 들어 한국에도 밥집만큼이나 빵집이 즐비하고, 빵을 즐기는 사람도 많다. 유명한 빵집을 성지처럼 방문하는 '빵지순례'도 유행이고, 인기 높은 빵을 먹으러 새벽부터 줄서기를 불사하는 마니아도 숱하다.

이런 와중인데도 한국에 온 한 스페인 친구는 이내 이런 토로를 했다.

"한국에는 빵이 없어!"

빵 종류가 이토록 다양한데 빵이 없다니. 빵을 밥 대신 먹는 사람이 늘면서 치아바타, 깜빠뉴, 바게트 등 유럽식 식사용 빵을 전문으로 파는 빵집도 많다. 마음만 먹으면 대체로 바게트 맛이 나는 스페인 빵을 찾기도 어렵지 않다.

그가 '없다'고 호소하는 빵은 아무래도 단지 하나의 먹거리로의 빵은 아닌 듯하다. 그가 찾는 모호한 무언가는 한국인 여행자가 해외여행 중 힘겹게 찾은 한식당에서 마주한 뜨거운 밥 한 공기, 숙소 한편에서 겨우 데워 먹던 즉석밥으로는 도저히 채울 수 없는 그 무언가와 같은 것이었다.

일상의 자연스러운 끼니로서의 밥은 단지 허기진 배를 채우는 음식만은 아니다. 하루를 시작하는 힘이면서 허전한 마음까지 채우는 든든한 위로이다. 더불어 누대로 이어온 따뜻한 정서 그 자체다. 스페인에서 그가 매일 먹던 빵에 자욱하던 일상의 공기가 스민 빵은 당연히 한국에 있을 리 없다.

그런 점에서 나에게도 한국에서는 찾을 수 없는 스페인 빵이 있다. 때로 누군가 가장 그리운 스페인의 기억이 무언지 물으면 1초의 망설임도 없이 아침 식사 시간이라고 답한다. 서서히 스페인 식문화에 적응하면서 아침에는 빵을 먹었다. 곱게 간

토마토와 올리브유를 듬뿍 올린 바게트에 갓 내린 신선한 주스와 커피를 곁들여 마셨다.

스페인에서 가장 사랑한 기억에는 그렇게 빵이 있었다. 한국에서는 재현할 수 없는 가장 스페인다운 시간의 한가운데 있던 그 빵. 그곳의 공기가 자연히 스민 그곳의 빵은 한국에서는 영원히 만날 수 없다.

 빵을 이르는 여러 나라 말

빵Pan을 빵과 비슷하게 부르는 나라는 스페인만은 아니다. 라틴어 파니스Panis에서 기원한 그리스어 파Pa, 포르투갈어 팡Pão', 프랑스어 팽Pain 모두 빵과 발음이 엇비슷하다. 우리말 빵은 구한말에 들어온 외래어로, 당시 일본과 교류하던 포르투칼어 팡Pão을 일본어로 팡パン이라 부르던 데서 유래했다.

아기 예수여, 지구를 부탁해

El Niño ^{엘니뇨} · 어린 남자아이

2020년, 15년 만에 다시 페루 여행을 준비하다가 비니쿤카 Vinicunca를 발견했다. 원주민, 케추아Quechua족의 언어로 '일곱 빛깔의 산'을 의미하는 비니쿤카는 바다, 강, 호수의 오랜 퇴적물이 침식과 산화작용으로 표면이 여러 빛을 띤다.

페루 여행자라면 누구나 무지개떡 단면처럼 고운 빛깔이 층을 이룬 신비로운 그 산을 배경으로 인생 사진을 찍기 바쁜데, 왜 여태 그곳을 몰랐는지 의아했다. 비니쿤카는 내내 만년설에 덮여 있다가 2015년 즈음 지구 온난화로 그 모습을 드러냈다는 사실을 알고서야 고개를 끄덕였다.

이제 지구 온난화가 불러온 자연의 변화는 안타까움을 넘어 두려움을 자아낸다. 페루와 볼리비아 사이, 세상에서 가장 높은 호수로 알려진 티티카카Titicaca호수의 물조차 점점 말라간다는 소식도 그중 하나다.

이와 관련한 <한겨레신문> 기사(2023년 9월 4일자)에 실린

페루 기상청의 발표에 따르면 티티카카호수 지역의 강수량은 2022년 8월부터 2023년 3월까지 49%나 줄고, 겨울철 평균 기온은 올라가면서 수량 또한 감소했다. 이러한 변화는 어업과 농업, 관광업에 이르기까지 호수에 기대 사는 지역 주민의 삶을 위협한다.

무시무시한 지구 온난화로 신비로운 비니쿤카가 만천하에 드러났으니 참으로 모순되다. 곧 사라질지 모르기에 하루라도 빨리 보러 가야 한다고 부추기는 여행 광고는 해서 씁쓸하다.

기후 변화, 그 중심에 지구 온난화가 있다. 엘니뇨El Niño는 지구 온난화를 일으키는 기후 현상을 이르는 스페인어다. 페루와 칠레 연안에서 발생하기에 스페인어 이름이 붙은 엘니뇨는 해류에 난류가 스미는 현상으로, 해수 온도가 오르면서 폭우와 홍수, 정반대의 폭염과 가뭄도 일으킨다.

이 현상이 일어나는 시기가 12월 말, 크리스마스 무렵이라 '남자아이'이면서 '아기 예수'를 칭하는 엘니뇨라는 이름이 붙었다. 이와 반대로 해수면 온도가 낮아지는 현상은 '어린 여자아이'라는 뜻의 라니냐La Niña라고 부른다.

엘니뇨의 위력은 실로 대단하다. 특히 1972년, 1982년, 1997년에는 해수면 온도가 급격히 오르면서 온 세계가 큰 피해를 입었다. 2015년에는 인도의 5월 기온이 섭씨 50도 가까이 오르는 폭염에 2천 여 명이 목숨을 잃었다. 이렇게 엄청난 피해를 준 엘니뇨 앞에는 슈페르 ^{Súper}, 몬스트루오 ^{Monstruo} 등을 붙이기도 한다.

환경 파괴나 기후 위기는 이제 일상의 문제다. 스페인에 살던 2013년, 청소업계의 대규모 파업이 있었다. 파업은 일주일 남짓 이어졌는데, 그때 처음 한 사람이 얼마나 많은 쓰레기를 내놓는지 알았다.

2022년, 강남역 일대가 물에 잠길 정도로 서울에 큰 물난리가 났을 때 작업실도 수해를 입었다. 집에 돌아와 뉴스를 보면서도 그저 남 일인 줄 알았는데, 동네 친구가 보낸 동영상을 보고서야 아차 싶었다. 재해 한가운데 서고서야 막연한 위기감이 당장 내 발끝에 와 있음을 실감했다.

최근 유엔 사무총장은 이제 지구 온난화의 시대가 끝나고 끓는 지구 ^{Global Boiling} 시대가 시작되었다고 경고했다. 올해 다시 2015년과 같은 수퍼 엘니뇨가 오리라고 예측하는 학자도 있다. 하루가 멀다 하고 더 심각한 기후 위기 징후를 알리는 소식이 들려온다.

끝없는 경고에 대책을 세우려 애써 보지만 쉽지 않다. 과연 이 위기를 멈출 수 있을지 되묻는 날이 많다. 그럴 때면 그저 신의 이름을 빌어서라도 간절히 지구의 안녕을 빌고 싶다. 어쩌면 엘니뇨가 '아기 예수'라는 제 이름을 되뇌며 이 고난의 끝에서 간신히 지구를 구해 주기를 바라며.

 날씨를 표현하는 스페인어

* 여행 중 날씨 정보는 매우 중요한데 아래 정리한 단어를 알아두면 큰 도움이 된다.

칼로르 Calor 더위

프리오 Frío 추위

유비아 Lluvia 비

니에베 Nieve 눈

비엔토 Viento 바람

* 심한 더위와 추위를 이를 때는 앞에 '파도'를 뜻하는 올라ola를 붙여 쓴다.

올라 데 칼로르 Ola de Calor 폭염

올라 데 프리오 Ola de Frío 한파

모르고 사는 스페인어

DIOS ^{디오스}	거룩하고도 친근하여라

DIOS ^{디오스}   거룩하고도 친근하여라

Del Monte ^{델몬트}   오렌지가 오렌지가 아니라니

Corona ^{코로나}   모두가 왕이다

Chupa Chups ^{츄파츕스}   인생은 단짠단짠

arena ^{아레나}   대륙의 끝, 모래밭에서 쉬다

AVANTE ^{아반테}   직진만 할 수는 없지만

andar ^{안다르}   잠시 걸을래요

ZARA ^{자라}   스페인에는 자라 매장이 없다

casamia ^{카사미아}   필요와 욕망 사이

ELCANTO ^{엘칸토}   걸음걸음 노래가 흐르리

거룩하고도 친근하여라

DIOS ^{디오스} · 신

"헤어질 때 하는 인사말 아디오스^{Adiós}에서 아^A는 '에게'라는 뜻의 전치사, 디오스^{Dios}는 '신'을 뜻하니까 결국 아디오스는 '신에게'라는 뜻입니다."

이를 배운 한국인 수강생은 그제야 깨닫는다. 자신의 부엌에 신이 살며, 하루에도 몇 번씩 그 신을 만나며, 그토록 거룩한 신을 돈 주고 사 왔다는 사실을.

엘지전자의 냉장고 브랜드, 디오스는 영어 'Deluxe(고급진), Intelligent(총명한), Optimum(최고의), Silent(조용한)'라는 네 단어의 첫자 조합이면서 스페인어로 '신'이라는 뜻을 가진 이름이다.

감히 냉장고 이름에 신을 갖다붙여도 되나 싶지만, 일상의 인사말에도 신이 등장하듯 카톨릭 국가인 스페인에서 신은 범접할 수 없는 거룩한 존재만은 아니다. 한국인이 놀랐을 때 시도 때도 없이 '엄마'를 외치듯 스페인 사람은 일상에서 수시로 신을 호출한다. 수없이 열고 닫는 필수 가전, 냉장고처럼 신은 그들 가까이에 머무른다.

평범한 나날에 무심히 존재하던 신이 가장 종교성을 띨 때는 고난주간에서 부활절 사이의 일주일에 해당하는 성(聖)주간, 세마나 산타Semana Santa이다. 스페인에는 무려 280개가 넘는 종교 기념일이 있는데 성주간은 그중에서도 가장 큰 종교 행사 기간이다.

일주일 내내 도시의 모든 성당이 그간 고이 보관한 마리아상과 예수상을 거리로 들고 나와 파소Paso라 부르는 행렬을 벌인다. 그 행렬에서 상을 드는 사람을 코스탈레로Costalero라 부르는데, 상의 무게가 자그마치 1톤이 넘기도 해서 때로 상 하나에 4,50명의 코르탈레로가 달라붙기도 한다. 그럼에도 코르탈레로가 되려고 1년을 준비하며 기다리는 사람이 많다.

이 행렬의 또 다른 주역은 나사레노Nazareno라 부르는 신도다. 세마나 산타의 상징이 된 그들은 눈 부위만 뚫린 고깔 단 망토, 앞이 잘 보이지 않는 복장을 한 채 온종일 행렬에 동참한다. 휠체어를 타거나 맨발로 걷는 나사레노를 보노라면 신을 경배하며 고통을 감내하는 모습에 박수가 절로 나온다.

어떤 이에게 한 해는 세마나 산타를 중심으로 돌아갈 만큼 중요한 시기지만, 모두에게 그렇지는 않다. 행렬 때문에 복잡해진 도시가 싫은 사람은 일찌감치 바닷가나 세마나 산타 전통이 흐릿하게 남은 다른 도시로 떠난다.

국가 차원의 종교 행사인데 피할 데가 있을까 싶지만 행사의 경중이 도시마다 조금씩 다르기에 가능하다. 남부 안달루시아 지역, 특히 세비야는 시민뿐 아니라 수많은 관광객까지 모여들 정도로 행사 규모가 크지만 스페인 중부나 북부 도시의 분위기는 다소 다르다.

나는 세비야에 머물 때도 다른 도시로 떠날 때도 있었다. 세비야 이주 초기, 처음 세마나 산타를 맞았을 때는 일주일 내내 행렬을 쫓아다녔다. 다음해부터는 며칠은 세비야에, 며칠은 인근 도시에서 보내기도 했다.

세비야에 머물며 세마나 산타를 즐길 때는 시끌벅적한 낮 행렬보다는 고요한 밤 행렬을 선호했다. 특히 행렬을 응원하며 좁은 골목 어디선가 들려오는 스페인 전통의 플라멩코 복음성가, 사에타Saeta는 유독 아름다웠다. 어두운 고요 속에 아무런 반주 없이 성스러운 소리가 가득한 순간은 정녕 거룩하였다.

공교롭게도 세마나 산타 때는 비가 자주 내리곤 했다. 우중에는 예수상과 마리아상을 성당 밖으로 들고 나올 수 없기 때문에 행렬이 취소되곤 했는데, 오직 이날만 기다린 사람에게 비

소식은 그야말로 비보였다.

그런 연유로 세마나 산타가 시작되기 몇 주 전부터는 날씨가 가장 중요한 대화 거리였다. 매년 반복되는 일인데 왜 비 가림막을 설치하지 않는지, 실내 행렬 장소를 따로 두면 어떨지 하는 이야기가 줄을 이었다.

놀랍게도 행렬이 취소된다 해도 스페인 사람은 마냥 시름하지 않았다. 아쉽고 슬프긴 하지만 그 또한 신의 뜻이라며 담담히 다음해를 기약했다. 행렬이 취소되어도 나사레노 복장을 갖춰 입은 채 성당에 나와 공식 취소 발표를 듣고서야 집으로 돌아가는 사람도 있었다.

신과 대화할 때는 스페인어로,
남자와 말할 때는 프랑스어로,
여자와 말할 때는 이탈리아어로,
말 馬에게 이야기할 때는 독일어로 한다.

– 카를로스 Carlos 1세

모국어의 우수성을 강조할 때 스페인 사람이 종종 인용하는 문장이다. 이 말을 '프랑스어는 사랑을, 이탈리아어는 노래를, 스페인어는 신과 대화하려 말한다'라고 바꿔 말하기도 한다.

여하간 스페인어가 신과 소통하는 언어라는 그들의 믿음에는 변함이 없다. 그 모습에서 그들이 신을 어찌 여기는지, 신은 경배의 대상이자 수시로 자주 소통하는 친근한 존재라는 사실이 엿보인다.

디오스 론칭 당시 한 인터뷰에서 엘지전자 마케팅 담당자는 스페인어권 나라에서는 제품명 대신 기업명만 썼다고 밝혔다. 그냥 아마 디오스라고 했어도 스페인 사람은 반겼을 텐데. 그들에게 신은 냉장고만큼이나 늘 새롭고 가까운 존재니까.

 신을 품은 스페인어 표현

아디오스 Adiós 잘 가!
앞서 소개했듯 헤어질 때 하는 인사말로, 가벼운 작별 인사보다는 긴 이별이나 다시 보기 힘든 경우에 주로 쓴다.

디오스 테 벤디가 Dios Te Bendiga 신의 축복이 함께하기를.
주로 중남미 지역에서 헤어질 때 많이 하는 인사말로, 실로 거룩한 뜻이다.

디오스 미오 Dios Mio, **포르 디오스** Por Dios 어머나, 세상에!
어떤 이유로든 크게 놀랐을 때 한국인은 주로 '엄마'를 찾는 데 비해 스페인 사람은 '신'을 부른다. 여기서 미오 Mio는 '나의'라는, 포르 Por는 '통해, 때문에'라는 뜻이다.

오렌지가 오렌지가 아니라니

Del Monte ^{델몬트} · 산에서

"오렌지주스를 영어로 하면 뭘까요?"

"오렌지주스!"

"땡! 정답은 델몬트입니다."

한때 이처럼 어이없는 농담이 유행했는데, 잘 따져 보면 저 질문은 잘못되었다. '오렌지주스를 스페인어로 하면 뭘까요?'라고 물어야 한다. 왜냐하면 델몬트는 스페인어니까.

델몬트는 '에서'라는 뜻의 전치사 데^{De}와 정관사 엘^{El}을 합친 델^{Del}에 산을 뜻하는 몬테^{Monte}를 덧붙인 말로 우리말 표기와 달리 스페인어로는 '델몬테'라고 발음한다. 신선도를 강조하려 산을 끌어온 이름이지만 정작 그 뜻을 아는 이가 많을지는 의문이다.

델몬트는 '따봉'이라는 지난 세기 최고의 유행어 덕에 한국에서 큰 인기를 끌었다. 온 국민이 엄지를 치켜든 채 델몬트 광고에 나오는 '좋다'라는 뜻의 포르투갈어 따봉^{Tá Bom}을 아무 때

나 외쳤다. 그 인기에 힘입어 '따봉'이라는 이름의 별도 상표까지 탄생했다. 문득 스페인의 오렌지가 떠오른다.

영어가 잘 통하지 않는 나라로 알려진 스페인에서 여행자를 당황시키는 단어 중 하나가 오렌지다. 커피는 몰라도 오렌지 주스 한 잔 정도는 어디서든 쉽게 주문할 줄 알았는데 그게 아니었다. 스페인에서는 오렌지가 오렌지가 아니라 나랑하 ^{Naranja} 였다.

세비야에서 가장 인상 깊은 풍경 중 하나는 세계 3대 성당에 속한다는 세비야대성당의 건축미도, 그 유명한 스페인광장의 웅장미도 아니었다. 세비야 하면 일단 도심의 오렌지나무부터 떠오른다. 세비야의 가로수 중에는 오렌지나무가 많아 겨울철이면 온 거리마다 오렌지가 주렁주렁 매달린다.

가로수의 오렌지가 노랗게 익어갈 즈음, 스페인 친구에게 저 열매를 따먹어도 되는지 물었다. 친구는 '먹어도 잡혀가지는 않는다'는 모호한 답을 했다. 결국 호기심에 손에 닿는 오렌지를 바로 따먹었다. 그 모습을 지켜본 친구는 히죽히죽 얄밉게 웃었다.

가로수용 오렌지나무에는 우리가 흔히 먹는 새콤달콤한 오렌지 ^{Naranja Dulce}가 아니라 나랑하 아마르가 ^{Naranja Amarga}가 열린다. 쓴맛이 나는 이 오렌지는 주로 잼을 만들며, 대부분 수출

한다.

쓴맛이 나건, 단맛이 나건 오렌지가 익어가는 겨울이면 세비야는 온통 금빛으로 물든다. 서늘한 겨울에 주홍빛 오렌지가 주렁주렁한 풍경이 펼쳐진다. 오렌지의 선물은 그뿐만이 아니었다.

겨우내 빛나던 오렌지가 다 떨어진 봄이면 아사르 Azahar라 부르는 오렌지꽃의 달콤한 향이 온 도시를 감싼다. 금빛 오렌지는 겨울을 풍요롭게 하고, 하얀 오렌지꽃과 그 향기는 온 봄을 가득 채운다.

어느 늦은 봄밤, 여행을 다녀오는 길에 세비야 기차역에 도착해 밖으로 나오자마자 도시의 풍경보다 먼저 오렌지 꽃향기가 반가운 인사를 건넸다. 그때 예감했다. 언젠가 이곳을 떠나더라도 이 향기만은 오래도록 잊지 못하리라고.

한국에 돌아온 이듬해 봄, 제주를 여행하던 중 어느 마을길에서 익숙한 향기를 맡았다. 오렌지꽃과 꼭 닮은 향기였다. 근원지를 찾으려 주변을 두리번거리다 감귤밭을 발견했다. '아, 감귤과 오렌지는 친척이었지!'

감귤꽃을 자세히 들여다보니 꽃 모양과 향기가 오렌지꽃과 닮았다. 게다가 제주에서도 감귤나무를 가로수로 심기도 한다. 세비야의 오렌지꽃이 그리우면 이리 봄마다 제주에 와야겠다며 반가이 안심했다.

오렌지와 떼려야 뗄 수 없는 스페인에서는 오렌지 반쪽^{Media} Naranja이라는 표현을 쓴다. '인생의 반쪽'을 뜻하는 말이다. 늘 오렌지와 공생하니 그럴 만도 하다. 그렇다면 우리말 중 인생의 반쪽을 뜻하는 말을 무얼까. 사과 반쪽?

 주스를 이르는 스페인어

수모Zumo 스페인에서 주스를 이르는 말.

후고Jugo 중남미에서 주스를 이르는 말.

스페인이나 중남미 지역에서 주스를 주문하려면 이리 말하면 된다.

운 수모 / 후고 데 나랑하, 포르 파보르!Un Zumo / Jugo de Naranja, Por Favor

모두가 왕이다

Corona 코로나 · 왕관

도대체 언제쯤 코로나Corona가 사라질까. 막막해하던 어느 날, 난데없이 동명의 맥주 브랜드는 얼마나 큰 타격을 받았을지 궁금했다. 그 기세가 한창이던 때 '코로나(맥주)로 코로나(바이러스)를 죽인다, 알코올 성분이 코로나 바이러스를 무력화시킨다' 같은 뜬소문이 나돌기도 했지만, 정녕 바이러스와 같은 맥주를 마시는 일이 마냥 유쾌할 리 없으리라 여겼다.

우려가 무색하게 멕시코의 맥주 브랜드, 코로나는 잠시 매출이 하락했으나 엔데믹을 맞은 지금까지 큰 타격 없이 건재하다. 오히려 코로나 종식에 발맞추어 코로나 제로Corona Cero라는 신제품을 출시하는 저력을 선보였다.

그나저나 도대체 코로나가 무슨 뜻이길래 맥주와 바이러스 이름에 똑같이 쓸까. 코로나의 본뜻은 '왕관, 왕조'다. 국기 속 방패와 기둥에 그려진 왕관이 알려주듯 스페인은 왕정 국가이자 입헌군주제 국가로 정식 명칭은 스페인 왕국Reino de España이다.

의외로 스페인에 왕이 존재한다는 사실을 모르는 사람이 많을 만큼 스페인 왕실의 존재감은 그리 크지 않다. 스페인 왕실은 '군림한다. 그러나 통치하지는 않는다 Reina, Pero no Gobierna'는 기치 아래 실제 정치에서 영향력을 행사하지 않는다.

나 역시 스페인에 살면서 왕의 존재를 실감한 일은 거의 없었다. 세비야의 주요 관광지인 알카사르 궁전 Real Alcázarde Sevilla이 여전히 왕실의 숙소이며, 가끔 왕이 묵고 간다고도 했지만 무슨 중세 드라마의 한 장면처럼 멀게 느껴졌다.

스페인에서 예술학교를 다닐 때, 왕이 서명한 졸업장을 받으려면 당시 50유로를 내고 따로 신청해야 했다. 왕의 서명을 돈 받고 팔다니, 구시렁댄 기억이 난다. 알고 보니 졸업장의 서명은 왕의 친필이 아닌 대리 서명이며, 졸업장 비용은 일종의 세금이었다.

그러다 2014년, 40여 년 만에 왕좌가 바뀌면서 스페인이 왕정 국가라는 사실을 실감했다. 오랜 기간 국왕의 자리에 있던 후안 카를로스 1세는 아들에게 관을 넘겼다. 그는 30년 넘게 이어진 프랑코 독재 Régimen de Franco가 끝난 뒤 바로 추대된 왕으로, 입헌군주제를 비롯해 많은 민주 과업을 이루었다.

스페인 민주주의를 대변하는 그는 큰 지지와 인기를 누렸지만, 그 끝은 좋지 않았다. 사임 당시 여러 스캔들과 사건에 연루되어 왕권은 더 약화되고 지지도도 크게 하락한 상태였다. 계속된 논란으로 그는 끝내 스페인을 떠나는 비운을 맞았다.

그가 사임했을 당시 많은 스페인 시민이 거리로 나왔다. 그와의 이별이 아쉬워서도, 새 왕을 환영해서도 아니었다. 드디어 왕조가 끝나고 새 시대가 열리리라는 희망 때문이었다. '이제는 공화국! 왕은 필요없다!'며 입헌군주제 찬반 투표를 요구하는 목소리가 컸다.

젊은 층은 대체로 군주제에 반대했으나 결과는 그렇지 못했다. 반대의 목소리만큼이나 새로운 왕의 시대를 여전히 반기는 사람이 많은 탓이었을까. 결국 왕위는 펠리페 6세에게 계승되었다.

찬반 논란 아래 묵직하게 이어진 왕관의 무게를 생각하면 바이러스에 씌여진 '왕관'은 더욱 달갑지 않다. 둥근 몸에 뾰족한 돌기가 난 모양이 왕관과 닮아 코로나라고 했다는데, 아무리 그렇대도 바이러스에게는 어울리지 않는 이름이다. 이름 탓에 코로나가 더 득세한 지도 모르겠다.

맥주 이름으로서의 왕관은 어떤가. 코로나 맥주는 멕시코의 서쪽 해안 도시, 푸에르토 비야르티 Puerto Vallarta 지역의 괴달루페성당Basílica de Guadalupe 첨탑 꼭대기에 장식된 거대한 왕관에서 영감을 얻은 이름이다. 로고 역시 이 왕관을 모델로 삼았다. '맥주(코로나)를 마시면 너는 왕이 된다. 왜냐하면 모든 왕은 자신의 왕관(코로나)이 필요하기 때문이다'는 거창한 의미까지 담았다.

이름뿐인 왕조의 상징으로서의 왕관이나 왕관을 닮은 바이러스보다 기꺼이 그리고 가까이 머물며 작은 기쁨을 주는 '왕관맥주'가 좋다. 그러니 다같이 건배^{Salud}!

 '왕관맥주'를 이르는 스페인어 ─────────

스페인에서 코로나맥주는 오랫동안 그 이름으로 팔리지 못했다. 같은 이름의 와인 브랜드가 먼저 상표 등록을 한 탓이었다. 대신 코로니타^{Coronita}로 불리다가 두 브랜드 간 합의로 2016년에서야 제 이름을 찾았다. 지금은 207밀리리터, 작은 용량의 코로나맥주만 코로니타라고 부른다.

＊앞서 1장의 플라사^{Plaza} 편에서 세뇨리타를 설명하면서 소개한 대로 단어 뒤에 'ita'를 붙이면 보다 '작다'는 의미가 된다.

인생은 단짠단짠

Chupa Chups ^{츄파춥스} · 춥스를 빨아라

1월 5일, 동방박사의 날^{Día de los Reyes Magos} 앞날이면 스페인은 온통 단내로 가득찬다. 크리스마스 이브처럼 스페인에서는 이 날, 선물을 주고받는다. 동방박사의 날에는 성경 속 세 명의 동방박사가 아기 예수에게 선물한 일을 기념하고, 그 앞날에 는 여러 도시에서 화려한 가장행렬을 펼친다. 이 행렬에 참여 한 이들은 연신 사탕을 던진다.

사탕 선물을 받을 때 필수품은 바로 우산이다. 바로 편 우산 으로 행렬에서 쏟아져나오는 사탕에 머리를 보호하고, 뒤집어 편 우산으로 사탕을 듬뿍 받는다. 도대체 그 많은 사탕을 언 제 다 먹으려나 싶지만, 우산 가득 사탕을 들고 집으로 돌아가 는 이들의 발걸음은 그저 경쾌하다.

스페인에서 단맛 하면 동방박사의 날 전야와 더불어 사탕 브 랜드 '츄파춥스'가 떠오른다. 대개 츄피춥스가 스페인 브랜드 인지 모르는데, 그 이름부터 '빨다'는 뜻의 스페인어, 추파르

Chupar에서 비롯되었다.

맨 처음 이름은 추파르를 변형한 춥스^{Chups}였다가 '춥스를 빨아요^{Chupa Chups}'라는 광고 문구를 만들면서 츄파츕스가 되었다. 츄파츕스는 '끈적거리지 않으면서 편하게 먹는 사탕'을 만들려다가 탄생한 막대사탕으로, 상점에서는 주로 계산대 옆 전용 가판대에 꽂혀 있다.

이 또한 마케팅 전략의 일환이었다. 키 작은 아이의 눈에 잘 보이지 않는 사탕을 계산대 옆으로 옮겨와 잘 보이게 했다. 츄파츕는 먹기 편하고 고르기 쉽게 하려는 작은 아이디어로 온 세상 아이의 사랑을 받는 브랜드가 되었다.

막대사탕 윗부분에 선명한 로고 디자인은 당시 사장의 친구였던 초현실주의 작가, 살바도르 달리^{Salvador Dali}가 맡았다. 이는 츄파츕스가 스페인 브랜드라는 점만큼 널리 알려지지 않았다. 달리의 작품을 감상하고 츄파츕스를 물면 새삼 더 단맛이 나는 듯도 하다.

많이 먹으면 이 썩는다는 잔소리에 정작 어릴 때는 멀리하던 막대사탕을 중년이 되어서 더 자주 찾는다. 특히 등산을 갈 때면 꼭 챙긴다. 작은 막대사탕은 잠시 멈추었던 걸음으로 다시 정상으로 내딛게 하는 큰 힘이다.

요즘 들어 단맛의 유혹에 더 끌린다. 짠맛과 짝을 이룬 '단짠

단짠', 우리네 식문화 깊이 파고든 그 맛에 빠져들었다. 그 맛을 처음 접한 곳은 스페인이었다. 한국에서 온 친구가 가져온 허니버터칩을 맛보자마자 눈이 휘둥그레졌다.

그때까지 내가 경험한 단맛과 짠맛의 조합이라면 스페인에서 자주 먹던 추로스Churros, 달콤한 멜론에 하몬을 얹어 먹는 멜론 콘 하몬Melón con Jamón 정도였다. 평소 맛에 민감하지 않았기에 왜 다들 단짠에 열광하는지 쉽게 이해하지 못했다.

단짠 조합은 달게 먹으면 짠 음식이 먹고 싶고, 짜게 먹으면 단 음식이 당기는 자연스러운 입맛의 흐름을 노린 맛이다. 한 번에 두 가지 맛을 동시에 느끼기보다는 맛을 교차시켜 음식을 먹으면서도 더 먹고 싶게 한다.

단맛은 짠맛뿐 아니라 다른 맛과도 짝을 이루어 이를 중화하는 역할을 한다. 쓴맛 나는 한약을 먹은 후에 사탕을 먹고, 매운 음식을 먹는 중간중간 청량음료를 같이 마시면 매운맛이 쉬이 사그라든다.

종종 인생을 맛에 비유하는데, 이때의 단맛 또한 여러 맛과 짝을 이룬다. 일상의 쓰고 맵고 짠 순간에 잠시 주춤할 때면 달디단 위로가 필요하다. 일상과 일생도 음식처럼 '단쓴단쓴, 단짠단짠, 맵단맵단' 구비구비 이어진다.

츄파춥스 종류는 무려 1백 가지가 넘는다. 무심코 지나치던 가게 앞, 츄파춥스 자판기에 다가갔다. 오늘은 어떤 맛이 걸리려나, 짐짓 기대하면서. 그 맛이 비록 마음에 들지 않더라도 괜찮다. 내일은 또 다른 맛이 기다릴 테니.

 오미五味를 이르는 스페인어

사보르 둘세 Sabor Dulce 단맛

사보르 살라도 Sabor Salado 짠맛

사보르 아마르가 Sabor Amarga 쓴맛

사보르 아시도 Sabor Ácido 신맛

사보르 피칸테 Sabor Picante 매운맛

* 스페인 사람이 한국에 갈 때 꼭 외우는 한국어

　노 피칸테 No Picante 안 맵게!

* 한국 사람이 스페인에 갈 때 꼭 외우는 스페인어

　신 살 Sin Sal 소금 빼고!

　한국 음식은 스페인 사람에게 너무 맵고, 스페인 음식은 한국인에게 너무 짜다.

—— 대륙의 끝, 모래밭에서 쉬다 ——

arena [아레나] · 모래

열 살 무렵, 바닷가 마을로 이사 가 7년을 살았다. 영남 내륙에서만 살던 아이에게 바다는 한없는 자유였다. 수영을 할 줄 모르던 아이는 바다에 들어가 헤엄치기보다 모래밭에 앉아 바다를 바라보는 시간이 더 많았다.

마을에서 먼 고등학교에 진학하면서 바다와도 한동안 멀어졌다. 몇 해 전, 은퇴한 부모님이 그곳으로 돌아가 터를 잡으면서 다시 그 바다를 마주했다. 그 사이 모래밭은 눈에 띄게 줄어들어 여름이면 사 온 모래를 채웠다. 그럼에도 모래밭이 퍽 줄어든 바다는 어딘지 허전했다.

한국에서 미처 배우지 못한 수영을 스페인에 살면서 배웠다. 가르치기 보다는 그냥 물에서 놀도록 내버려두는 스페인식 수영 강습에 이끌렸다. 당시 매일 아침 수영장에 다니는 건강한 삶을 살았다.

한국에서도 계속 수영을 하려고 수영복 가게에 들렀다. 그러다 예전에는 무심히 지나치던 상표를 한참 바라보았다. 아레나 arena가 왜 수영복 브랜드 이름이 되었는지 그 순간 깨달았다.

아레나는 스페인어로 '모래'라는 뜻이다. 모래가 깔린 원형 경기장을 칭하기도 한다. 아레나라는 브랜드의 탄생에는 단어의 두 의미가 모두 기여했다.

아디다스의 창립자인 아디 다슬러 Adi Dassler의 아들이자 차기 회장이던 홀스트 다슬러 Horst Dassler는 1972년 독일 뮌헨 올림픽 경기장에서 수영 선수 마크 스피츠 Mark Spitz가 무려 일곱 개의 메달을 획득하는 모습을 지켜보았다.

다슬러는 그 놀라운 장면에 영감을 얻어 즉시 수상 스포츠 회사를 만들 계획을 세웠는데, 그렇게 탄생한 브랜드가 바로 아레나다. 모래 없는 수영장에서 탄생한 '모래'인 셈이다. 그리 생각하니 가슴에 '모래'를 달고 수영하는 모습이 보다 특별해 보인다.

모래를 떠올리면 상반된 두 장소, 사막과 바다가 떠오른다. 이전에도 남미를 여행하며 몇몇 사막을 보았는데, 보통 하얀 소금사막이거나 척박하고 건조한 땅일 뿐 고운 모래 사막은 아니었다. 진정한 의미의 사막을 본 데는 모로코였다.

사하라사막에 도착하자마자 사막 한가운데 마을까지 낙타를 타고 이동해야 했는데 늦게 도착하는 바람에 남은 낙타가 없었다. 자동차를 타고 사막 중간 지점까지 가 마을에서 돌아오는 낙타를 기다리기로 했다.

방향을 가늠할 수 없는 사막에서 오로지 낙타만 기다리는 시간, 문득 사방의 모래가 바닷물 같았다. 지도에도 나오지 않을 듯한, 온통 모래와 하늘뿐인 그곳은 분명 땅이지만 망망대해의 모습이었다.

스페인에는 3천5백 개가 넘는 해변이 있다. 그래서인지 스페인어로 '휴가'를 뜻하는 바카시온 Vacación은 자연스럽게 '바닷가'를 이르는 플라야 Playa와 이어진다. 휴가 간다는 말은 곧 바닷가에 간다는 말과 같다.

바닷가에 머무는 일이 그저 휴식인 이유는 모래가 만드는 가장자리때문이 아닐까. 삶의 중심에서 허우적거리며 헤매다 그 가장자리에서 잠시 쉬고 싶을 때, 절로 바닷가 모래밭을 찾는 게 아닐까.

끝내 가슴에 '모래'가 적힌 수영복을 입고 오전 수영을 시작했다. 배영에서 멈춘 수영 실력을 좀 키워보고 싶어 강습반을 신청했는데 역시나 한국의 수영강습은 진도와 성과가 중요한 만큼 만만치 않은 시간이었다. 몇 개월 모래를 입는 일이 전혀 편안하지 않았다. 결국 실력 향상을 포기하고 자유 수영으로 바꾸었다. 그제서야 나만의 수영을 오롯이 즐길 수 있었다. 나에게 필요한 시간은 지금 여기가 어디인지, 내일 가야 할 거기가 어디인지 모른 채 그저 '모래'에 몸을 맡기는 순간이었음으로.

 모래밭이 아름다운 스페인 해변

타리파 지역의 볼로니아 해변 Playa de Bolonia, Tarifa

스페인 남부 지역 해변 중 모래언덕이 아름답기로 유명하다. 오랜 풍화작용으로 자연스럽게 형성된 모래언덕의 최고 높이는 30미터가 넘는다. 볼로니아 해변은 천연기념물로 지정된 작은 사막과 탁 트인 지중해를 동시에 만끽할 곳으로, 스페인 남부 지역을 여행한다면 한 번쯤 들러 볼 만하다.

직진만 할 수는 없지만

AVANTE ^{아반테} · 앞으로

2010년, 맨 처음 스페인에 도착한 첫날 밤, 쿵쿵거리는 소리에 잠을 깼다. 밖을 내다보니 놀랍게도 자동차 한 대가 앞뒤 차의 범퍼를 박아가며 주차를 하고 있었다. 간신히 주차에 성공한 운전자는 유유히 어딘가로 사라졌다.

다음날 아침, 우려한 이웃 간 분쟁은 전혀 일어나지 않았다. 하도 신기해 스페인 친구에게 그날 밤 이야기를 들려주니 별일 아닌 듯 이리 외쳤다.

"범퍼는 박으라고 있는 거야!"

스페인은 유럽에서 독일 다음으로 큰 자동차 생산제조국이다. 포드 Ford나 메르세데스-벤츠 Mercedes-Benz같은 세계 다수의 유명 자동차 생산 공장을 두고 있다. 그에 비해 잘 알려진 스페인 국내 자동차 브랜드는 없다. 그나마 세아트 SEAT가 스페인에서는 선전을 하고 있는데 해외 시장에서의 인지도는 약하다. 이렇다 보니 스페인 내 자동차 판매 순위에서도 상위권 대부분은 국외 브랜드가 차지한다.

2022년, 마케팅 컨설팅 회사인 아우토인포^{AutoInfor}에서 발표한 스페인의 자동차 판매량 조사에서 한국의 현대 투싼이 1위를 차지했다. 브랜드 순위에서도 기아와 현대가 나란히 2, 3위에 이름을 올렸다.

이처럼 스페인에서 한국 자동차 브랜드의 입지는 높다. 평소 운전을 좋아하고 차에 관심 많은 친구는 유럽에 갔다가 너무 많은 한국 자동차를 보고는 놀랐기도 했다. 그러고 보면 스페인에서 한국 자동차를, 한국에서 유럽 차를 더 많이 보는 듯도 하다.

스페인에서 다니던 예술학교의 물레를 가르치던 안토니오 ^{Antonio} 교수님의 자동차도 한국차였다. 내가 한국인이라고 하자 대뜸 본인 자동차의 나라에서 왔다며 반가워했다. 교수님 차는 미국의 도시이름으로도 친숙한 산타페^{Santa fe}였는데 '성스러운 믿음'이라는 뜻의 스페인어다. 스페인어 이름을 가진 한국차인 셈이다. 차량 선택을 할 때 그 이름이 한 몫 했을지 궁금하기도 했다.

산타페처럼 한국 자동차 중에는 유난히 스페인어 이름이 많다. 비록 단종되었지만 한때 소상공인의 든든한 두 발이 되어준 다마스^{Damas}는 '주다'라는 뜻의 스페인어 동사 다르^{Dar}의

3인칭 변형 다Da에 '더'를 뜻하는 마스Más를 붙여 '더 주다'는 의미를 갖는 말이다. '작은 차, 큰 기쁨'이라는 차의 슬로건과 잘 맞는 이름이다. 스포츠카 티뷰론Tiburón도 '상어'라는 뜻의 스페인어다. 그러고 보니 날렵한 외관이 꼭 상어를 닮았다.

끝으로 절대 빼놓을 수 없는 자동차가 있다. 30여년 째 꾸준히 사랑 받는 국민 자동차, 해서 진격의 돈키호테가 21세기로 온다면 애마, 로시난테 대신 택할 아반테AVANTE가 있다. '전진, 앞으로'라는 뜻을 가진 말이니 자동차 이름으로 딱이지 않은가.

지난해, 지인의 차를 물려받으면서 20여 년 만에 다시 운전대를 잡았다. 누구나 그렇듯 직진은 쉬웠다. 하지만 '전진, 앞으로'라는 구호만으로는 목적지에 다다를 수는 없다. 수시로 좌회전, 우회전, 유턴, 끼어들기를 해야 한다.

'앞차만 보지 말고 한 차 건너 더 멀리, 미리 교통 흐름을 봐!'

'브레이크를 한 번에 밟지 말고 조금씩 나눠서 밟아!'

'뒷사람에게 네 갈 길을 알리게 깜빡이는 미리미리 넣어!'

'누가 뭐래도 나는 내 갈 길 간다는 마음으로 당당해!'

지인들의 운전 지침은 하나같이 삶의 지침 같았다. 젊을 때는 앞만 보고 달리느라 현재 상황을 살피거나 내일을 예측하는 여유가 없었다. 타인을 배려하는 마음도 약하고 주변 환경에 의연하지도 못했다.

여전히 자가운전자가 되지 못했지만 언젠가는 운전도, 인생도 초보 딱지를 떼고 확신에 찬 직진을 하고 싶다. 그때까지는 주뼛주뼛 전진할 테니 어설픈 방향 지시등을 보더라도 너그러이 길을 열어 함께 나아가기를 바란다.

 주요 교통수단을 이르는 스페인어

아우토부스Autobús 버스
스페인 대표 버스회사는 알사ALSA로 주로 여행자가 애용한다. 스페인의 각 도시뿐 아니라 포르투갈이나 프랑스 등 가까운 이웃 국가로 이어지는 연계 노선이 발달했다.

트렌 Tren 기차
스페인 국영 철도 회사는 렌페Renfe이며, 도시간 철도망이 무척 세밀하다.

아비온 Avión 비행기
저가 항공편이 발달한 스페인은 국내 이동뿐 아니라 다른 유럽 국가와 이어지는 노선도 무척 다양하다.

바르코Barco 배
스페인은 지중해 크루즈Crucero 여행의 교두보다. 특히 서부 지역의 바르셀로나, 남부 지역의 말라가, 카디스 등은 크루즈 기항지의 대표 격이다.

잠시 걸을래요

andar ^{안다르} · 걷다

스페인어를 배우는 이유는 저마다 다르지만, 그중 꽤 높은 비율을 차지하는 학습 동기는 산티아고길 걷기다. 그동안 여러 수강생이 스페인어를 배운 다음 실제 그 길을 걸었다. 지금도 그 같은 꿈을 안은 수강생이 많이 찾아온다.

길을 걷기 전에 스페인어를 배우지만, 길을 다 걷고 난 후에 배우는 경우도 왕왕 있다. 다시 길에서 만난 이들과 소통하려는 새로운 목표가 생겼기 때문이라고 한다. 걷기의 준비 운동으로 언어를 배우다니 그 얼마나 바람직한가.

하기야 '걷다'라는 뜻의 스페인어 동사 카미나르 ^{Caminar}의 명사형 카미노 ^{Camino}가 산티아고길의 스페인어 명칭 카미노 데 산티아고 ^{Camino de Santiago}에서 '길'을 뜻한다는 사실만 알아도 먼 꿈이 손에 잡히는 듯할 테다.

알려진 대로 산티아고길은 스페인을 대표하는 순례길이다. 종교 때문에 그 길을 걷기도 하고 그저 걷고 싶어서 찾는 사람도 많다. 최종 목적지인 산티아고 데 콤포스텔라^{Santiago de} ^{Compostela}에 다다르는 방법은 여럿이다. 가장 많이 알려진 길은 프랑스에서 시작하는데, 완주까지 무려 한 달이 넘게 걸리는 길이다.

산티아고길은 <스페인 하숙>, <같이 걸을까> 등 여러 예능 프로그램에도 소개되고, 관련 책도 많다. 코로나 이전에 스페인 현지 신문 <ABC>에는 '서울에서 콤포스텔라까지, 산티아고길의 한국인 열풍'이라는 기사(2019년 5월 29일자)가 나기도 했다. 매년 6천 명이 넘는 한국인 순례자가 그 길을 찾는다는 게 주 내용이었다.

우리에게 친숙한 '제주올레'도 이 길에서 영감을 얻어 만들었다. 올레는 제주어로 '좁은 골목'을 뜻하는데, 재미나게도 스페인어 올레^{Olé}는 우리말 '얼쑤' 같은 추임새를 이른다. 굽이굽이 좁고 아름다운 길을 걷다 보면 저절로 흥이 나니 우리말이나 스페인어 모두 그 의미가 길에 꼭 맞다.

평소 걷기를 좋아하는 내가 당연히 스페인에 머무는 동안 산티아고길을 걸었으려니 생각하는 지인이 많았지만, 실은 걷지 않았다. 당시는 매일매일 새 길을 걷는 중이라 굳이 먼 데까지 가서 따로 걸을 필요가 없었다. 지나고 보니 좀 아쉽기는 하지만 언젠가 기회가 오리라 믿는다.

'걷다'는 산티아고길을 걷는 일처럼 특별한 상황이 아니어도 일상에 늘 함께하는 동사다. 그래서인지 '걷다'를 이르는 스페인어도 여럿이다. 앞서 소개한 카미나르^{Caminar} 말고 스포츠 브랜드 이름이기도 한 안다르^{Andar}도 같은 뜻이다. 다만 안다르는 걷는 동작 자체를 뜻하면서 '거닐다, 두루 둘러보다'라는 확장된 의미도 가진다.

삶이 곧 걸음이라 여기기 때문일까. 스페인에서는 안부를 물을 때 '어떻게 지내?' 대신 '어떻게 걷고 있어 ¿Cómo andas?'라고도 한다. 이 물음에서 걷는 장소는 공간이 아니라 시간일지도 모른다.

음악에서 빠르기를 나타내는 용어 중 '느리게'를 뜻하는 안단테^{Andante}도 안다르에서 온 말이다. 저마다 느림과 빠름의 정의는 다르다. 자연스레 부지런히 나아가는 자신만의 속도를 따르면 억지를 부리거나 조급할 필요없다.

안단테, 안단테!
천천히, 서서히,
나의 세상을 조심히!
걸어보세요.
느리게, 그리고 천천히!

스웨덴 그룹, 아바^{ABBA}의 <안단테, 안단테>를 흥얼거리며 나만의 세상을 천천히 걷기로 한다. 그렇게 천천히 일상을 거닐다가^{Andar} 문득 일상 밖으로 걸어나가도^{Caminar} 좋을 테다.

 주요 산티아고길을 이르는 스페인어

카미노 프란세스 Camino Frances 프랑스길

약 800킬로미터로 완주하는 데 30일 정도 걸린다. 산티아고길 중 가장 널리 알려졌다.

카미노 포르투게스 Camino Portugués 포루투칼길

약 600킬로미터로 완주하는 데 28일 정도 걸린다. 포르투갈과 스페인 풍경을 만끽하는 길이다.

카미노 델 노르테 Camino del Norte 북쪽길

약 824킬로미터로 완주하는 데 35일 정도 걸린다. 스페인 북부 해안을 따라 걷는 길이다.

비아 데 라 플라타 Via de la Plata 은의 길

약 970킬로미터로 완주하는 데 45일 정도 걸린다. 세비야에서 출발하는 가장 긴 길이다.

스페인에는 자라 매장이 없다

ZARA ^{자라} · 무의미

"빨랫줄만 봐도 네 집인 줄 알겠어!"

유난히 원색과 구제 옷을 좋아하는 나의 패션을 두고 친구들은 한 마디씩 한다. 도대체 그런 옷은 어디서 사냐며 칭찬인지 타박인지 모를 말을 자주 한다. 하지만 그 말이 싫지는 않다. 어쨌든 취향이 확실하다는 뜻일 테니까.

그런데도 세비야에 살 때 한국인이라면 꼭 들르는 스페인의 유명 패션 브랜드 매장에는 도통 가보지 않았다. 할인 기간에는 가끔 들렀지만, 딱히 뭘 사서 나오는 일은 드물었다.

"스페인에는 자라 ^{ZARA}가 없어!"

한국에서 온 친구가 다짜고짜 자라 매장 위치를 물으면 농담 삼아 이리 답하곤 했다. 영 거짓말도 아닌 게 자라의 스페인어 발음은 자라가 아니다. 스페인어에는 Z를 'ㅈ'이 아니라 'ㅅ'으로 발음한다. 게다가 살짝 번데기 발음이라 '싸라'와 '따라' 중간쯤 되게 말해야 한다.

자라라는 이름은 창업주, 아만시오 오르테가 Amancio Ortega의 취향에서 비롯되었다. 첫 매장을 열면서 오르테가 회장은 평소 좋아하던 작가, 니코스 카잔차키스의 소설 <그리스인 조르바 Zorba el Griego>의 주인공을 따라 '조르바'라고 이름 지으려 했다. 하지만 인근에 조르바라는 같은 이름의 바가 생겼고, 이에 조르바와 비슷하게(?) 만든 이름이 자라다.

요즘 들어 일간지에 스페인 패션 기사가 자주 등장한다. 최근에는 레티시아 Letizia 왕비가 저가 브랜드 옷을 세련되게 연출해 주목 받기도 했다. 소위 '레티시아 스타일'이라는 말까지 떠돌며 연일 그녀의 패션이 화제가 되었다.

"정말 스페인 사람은 멋쟁이에요?"

하지만 이 질문에는 때로 멈칫한다. 멋쟁이를 판가름하는 기준이 '패션을 얼마나 사랑하는가'라면 확실히 스페인 사람은 멋쟁이가 맞다. 그들은 정녕 꾸미는 데 진심이다.

스페인의 평범한 직장인, 마리아는 나의 지인이면서 특히 꾸미기를 좋아하는 친구였다. 평상시에도 화장이나 옷차림에 공들였다. 특별한 날, 그녀가 '제대로 꾸미고' 나타날 때면 두 눈을 의심하곤 했다. 파란 원피스에 파란 구두, 파란 가방까지 온통 파랗게 차려 입은 모습을 보면 입이 떡 벌어졌다. 처음에는 그녀의 완벽한 '깔맞춤'에 당황했지만, 어느새 그녀만의 당당한 멋에 길들여졌다.

마리아뿐 아니라 평소에는 별로 꾸미지 않던 친구도 특별한 날에는 꾸미기 실력을 유감없이 발휘했다. 물론 그때마다 나는 놀라자빠지곤 했다. 마리아 정도는 아니지만 한국의 '꾸안꾸(꾸민 듯 안 꾸민 듯)' 패션은 스페인에는 없는 듯했다.

스페인 사람은 꾸밀 때는 확실히 '나 꾸몄소!' 외친다. 게다가 그들의 패션에는 어떤 교집합이나 모범 답안도 없다. '내가 좋으면 그만!'을 온몸으로 표현한다.

요즘 들어 혼자 작업하는 일이 많다 보니 용모를 꾸미는 일에 무심하다. 새 옷을 산 지도 꽤 오래되었다. 스스로를 사랑하는 놀이가 사라지니 어쩐지 일상이 심심하다. 더는 나를 대변하지 않는 빨랫줄을 바라보다 문득 자라 매장에 가고 싶어졌다. '뭐든 사라, 사라' 속엣말을 되뇌면서.

 대할인 기간을 이르는 스페인어

레바하스 Rebajas

스페인의 대할인 기간 레바하스는 매년, 동방박사의 날 다음날(1월 7일)부터 시작한다. 크리스마스를 포함한 연말, 동방박사의 날이 있는 연초까지는 행사가 많아 그만큼 선물할 일도 많은 '대소비 기간'이다. 이 기간이 끝나고 지갑이 홀쭉해질 때쯤 대할인을 하는데 3월까지 두 달이나 이어진다. 3월이면 봄 축제가 열리고 다시 소비가 이뤄지기 때문이다.

필요와 욕망 사이

casamia ^{카사미아} · 내 집

스페인에서 돌아와 한동안은 언니네 집에서 더부살이를 했다. 그러다 3년 전 드디어 독립을 결심했다. 그동안 한국의 부동산 환경이 많이 변해서 스페인에 가기 전 살던 동네에서 집을 구하기는 어려웠다. 계속 한국에 살았다면 굳건한 내 집 한 채 장만했을 텐데, 다소 아쉽기도 했다.

'집'을 의미하는 스페인어 단어는 카사 ^{Casa}다. 카사는 단지 사람이 사는 집만을 칭하지 않는다. 다채로운 명사와 함께 짝을 이루는 카사는 상점, 기관이나 연구소로 그 뜻이 확장된다. 최근 넷플릭스에서 인기를 끈 스페인 드라마 <종이의 집 ^{Casa de Papel}>의 무대인 조폐국은 카사 데 모네다 ^{Casa de Moneda}로 '화폐의 집'을, 스페인을 대표하는 서점인 카사 데 리브로 ^{Casa de Libro}는 '책의 집'을 뜻한다.

카사는 스페인어를 배우는 수강생에게 빨리 익히는 단어 중하나다. 그 이유는 쉬운 발음과 철자때문이기도 하지만 요즘

셀프 인테리어 바람을 타고 더 친근해진 스페인 홈 브랜드 카사미아 casamia도 한 몫 한다. 카사에 '나의'라는 뜻의 미아 Mía가 덧붙은 카사미아는 '내 집'이라는 뜻이다.

진짜 내 집을 꾸밀 수 있다면 더할 나위 없겠지만 그게 어디 쉬운가. 최근 더 과열된 한국의 부동산 시장을 생각하면 아득히 먼 바람인 듯하다. 잠시 빌려 사는 동안만이라도 취향대로 집을 꾸미며 그 언젠가를 꿈꾸는 마음은 똑같다.

한국의 부동산 열풍을 이야기하다 보면 '스페인은 그렇지 않지?'라고 물어오는 사람이 많다. 만약 스페인 주거 문제를 깊이 들여다보지 않았더라면 나 역시 그렇게 생각했을지 모른다. 우연히 스페인에서 방송 코디네이터를 하며 집 관련 취재를 세 번 정도 했다.

한 번은 빈집을 점거한 사람을 취재했고, 또 한 번은 이와 이어지는 부동산 거품과 하우스 푸어 House Poor, 그리고 주거와 일자리 문제를 해결해 스페인의 유토피아라고 불리는 한 마을을 취재했다. 그 과정에서 스페인 사람의 자가 주택 소유 열망도 우리나라 못지않음을 알았다.

2011년 5월에 시작된 '15M(5월 15일 마드리드 도심 점거 운동)'이라 불리는 스페인 대규모 시민 저항운동의 중심에는 은행에서 주택 담보로 장기 대출을 받은 뒤 제때 상환하지 못해

집에서 쫓겨난 사람들이 있었다.

은행의 강제 퇴거 조치로 빈 건물이 늘자 이를 점거하는 사람도 늘었다. 그들은 주택 담보 대출 피해자 연합PAH, Plataforma de Afectados por la Hipoteca이라는 전국 단체를 만들고, 도시의 빈집 중 은행 소유 건물을 점거하고 합리적인 가격에 분양하도록 조율하는 운동을 펼쳤다.

세비야에도 시내 중심가에서 조금 떨어진 곳에 '유토피아 공동체'라 불리는 점거 건물이 있었다. 작은 건물에 무려 서른 여섯 가구가 살았다. 몇 번의 강제 퇴거 위기를 겪다 결국 최종 합의에 이르지 못한 채 모두 쫓겨났다.

'사회주의 마을'이라 불리며 스페인 국내뿐 아니라 해외에서도 주목한 마리날레다 Marinaleda는 유토피아의 꿈을 이룬 마을이다. 오래전부터 소작농으로 살던 마을 사람 대부분이 지주 소유의 방치된 땅을 점거했다.

8년간의 점거 끝에 마침내 정부가 땅을 사들여 경작을 허용하면서 공동 농장 형태로 변했다. 이렇게 마을의 일자리 문제를 해결한 후, 시에서 땅을 매입해 협동조합 형태의 공동 주택을 지어 월세 20유로만 내면 평생 살게 했다.

마리날레다 취재 중 마을 사람에게 정말 이곳이 유토피아인지 물었다. 주민은 되레 더 큰 질문을 던졌다.

"집과 일은 최소한의 필요, 삶의 기본 요건이에요. 우리는 필요한 집과 일을 구했죠. 그러니 충분합니다. 당신은 어떤가요?"

모처럼 '내 집'이라는 이름의 카사미아 매장을 찾았다. 아기자기한 물품 대신 묵직한 고민에 휩싸인 채 매장 안을 느리게 걸었다. 집은 과연 삶의 기본 요건일까, 아니면 절정에 이른 욕망일까. 저 푸른 초원 위에 그림 같은 집을 짓고 한평생 사랑하는 님과 다정하게 사는 일은 진정 꿈이련가.

 스페인어의 소유형용사

미 카사 = 카사 미아 Mi casa=Casa mia

Mi와 Mia는 '나의'라는 뜻을 가진 소유형용사다. 명사 앞뒤에 모두 쓰는 소유형용사는 위치에 따라 형태가 달라진다. 대개 소유형용사를 명사 뒤에 붙여 쓰는 경우는 문학 작품이나 카사미아 같은 상품명처럼 운율감을 필요로 할 때다. 다른 예로 노래 제목과 노랫말에 자주 등장하는 아모르 미오 Amor Mio와 미 아모르 Mi Amor노 보누 '내 사랑'으로 같은 뜻이다.

걸음걸음 노래가 흐르리

ELCANTO ^{엘칸토} · 노래

평소 운동화를 주로 신는데 신발 고르는 기준은 딱 하나다. 그저 발이 편하면 그만이다. 한때는 '좋은 신발이 좋은 곳으로 데려다 준다'는 말을 믿었다. 대학에 들어갈 때는 캐주얼화을 찾았고, 사회생활을 시작하면서는 여성화를 신었다. 구두 상품권을 들고 매장을 찾았던 기억도 있는데, 그때 자주 찾던 브랜드 중 하나가 엘칸토 ^{ELCANTO}다.

'신으면 절로 노래가 나오는 엘칸토!'라는 광고 음악의 노랫말처럼 스페인어로 엘칸토는 '노래'라는 뜻이다. '노래하다'라는 뜻의 칸타르 ^{Cantar}의 명사형인 칸토는 특정 음악이나 곡보다 넓은 의미로 쓴다. 소리를 내어 노래하는 행동이나 그렇게 생성된 음을 모두 포함하는 말이다. 최근 변형된 엘칸토 로고에는 음표 모양이 들어가기도 했다.

시기마다 자주 함께하는 신발이 있듯, 시기마다 주로 듣는 음악도 다르다. 당대에 유행한 인기곡이나 제 멋에 취해 재즈를 듣기도 했다. 그 시기를 대변하는 이런 노래는 느닷없는 순간, 당시의 추억까지 불러온다.

스페인에서는 들을 만한 음악을 자주 추천하던 두 친구가 있었다. 한 명은 첫 한국어 제자였던 카를로스 Carlos였다. 처음 만났을 때는 대학교 1학년이었는데 무척 음악을 좋아하는 친구였다. 그에게 스페인의 20대가 듣는 음악을 공유해 달랬더니 스페인 락부터 해외 팝까지 다양한 음악을 알려주었다.

나의 취향에 꼭 맞는 음악을 알려 주던 또 다른 친구는 예술학교 동기였던 레예스 Reyes 언니였다. 당시 쉰이 넘은 언니는 우리나라로 치면 7080 가요에 해당하는 스페인의 옛 노래를 좋아했다. 그 중 언니가 가장 좋아하는 가수는 루이스 에두아르도 아우테 Luis Eduardo Aute였다. 그는 싱어송라이터이면서 화가, 영화감독으로도 왕성히 활동했다. 그의 노래는 주로 사랑을 이야기하면서 동시에 스페인의 시대상도 담았다. 통기타 연주와 잔잔하지만 호소력 짙은 목소리때문에 '스페인 김광석'이라고 불렀다. 그리 설명하며 레예스 언니에게도 김광석 노래를 들려 주었다. 그렇게 한동안 '스페인 김광석'의 노래만 들었다. 애석하세노 2020년 4월, 그가 코로나로 사망했다는 소식을 들었디. 그날 오랜만에 다시 그의 노래를 찾아 들었다.

물론 내가 잦은 음악도 있다. 플라멩코 가수, 미겔 포베다

Miguel Poveda의 공연을 보기 전에는 플라멩코가 그저 춤인 줄만 알았다. 공연을 예매할 때 당연히 미겔 포베다가 댄서인 줄 알았다. 하지만 플라멩코는 춤뿐 아니라 가창과 기타, 박수까지 포함된 종합 예술이며, 그중 가창이 가장 기본을 이룬다. 그는 스페인에서 유명한 플라멩코 가수로, 그날 공연 역시 노래가 중심이 되는 무대였다.

플라멩코에 매료돼 1년 넘게 가창을 배웠다. 노래를 배우다 보니 자연스럽게 좋아하는 플라멩코 가수도 생겼고 그들의 노래도 즐겨 들었다. 그렇게 5년간 쌓인 노래 목록은 당시 사용하던 오래된 아이팟에 아직도 고스란히 담겨 있다.

가끔 스페인에서의 시간이 생각날 때면 이제는 잘 사용하지 않는 서랍 속 아이팟을 꺼내 그때의 노래를 듣는다. 카를로스와의 한국어 수업 시간, 레예스 언니와의 여행, 하루 2만 보는 거뜬히 걷던 미로 같은 세비야의 골목길까지 그 시절의 노래를 타고 스페인의 시공간이 다시 펼쳐진다.

한국의 통신료가 너무 비싸 좀 줄여 보겠다고 한동안 데이터 1기가의 알뜰폰을 썼다. 빠듯한 데이터에 음악 내려받기는 무리였다. 차츰 일상에서 배경음악이 점점 사라지고, 음악 목록에도 변동이 없었다. 도저히 참을 수 없어 결국 요금제를 바꿨다.

저녁 산책길, 작업실과 집을 오가는 길, 대중교통 안에서 다시 노래를 듣는다. 배경 음악이 회복된 일상의 걸음에 엘 칸토 El Canto, 노래가 피어난다. 지금 듣는 이 노래는 미래의 어느 날 다시 만날까.

 오랜 재생 목록에서 고른 스페인 노래

루이스 에두아르도 아우테 Luis Eduardo Aute**의 새벽 무렵**Al Alba

1975년, 프랑코 독재 시대가 막을 내릴 무렵 발표한 곡으로, 겉보기에는 사랑 노래 같지만 새 세상을 맞이한 스페인을 은유한 노래로 널리 사랑 받았다.

미겔 포베다 Miguel Povoda**의 말도 안 돼**¡Qué Disparate!

리듬에 따라 장르가 달라지는 플라멩코 노래 중 빠른 장단의 불레리아Buleria에 속하는 노래로, 스페인 남부의 바닷가 도시 카니스Cadiz의 '말도 안 되게' 아름다운 풍경을 노래한다.

모르고 부르는 스페인어

Bésame Mucho ^{베사메 무초}

키스를 멈추지 말아요

Me Gustas Tú ^{메 구스타스 투}

나, 너 좋아해

Dónde Voy ^{돈데 보이}

떠돌던 자는 어디에 머무나

La Cucaracha ^{라 쿠카라차}

비명 대신 노래를

Que Será Será ^{게 세라 세라}

살다 보면 이룰 거야

키스를 멈추지 말아요

Bésame Mucho ^{베사메 무초} · 많이 키스해주오

고등학교 영어 시간, 갑자기 선생님이 <베사메무쵸>라는 노래의 악보를 나눠주었다. 당시 제2외국어로 독일어를 택했고 스페인어라는 언어가 세상에 존재하는지도 몰랐던 때였다. 그저 이미 그 노래를 알고 있다는 사실만이 반가울 따름이었다.

베사메무쵸야, 리라꽃 같은 귀여운 아가씨
베사메무쵸야, 그대는 외로운 산타 마리아
베사메, 베사메무쵸
고요한 그날 밤 리라꽃 지던 밤에
베사메, 베사메무쵸
리라꽃 향기를 나에게 전해다오

<베사메무쵸>는 가수 현인이 1949년에 발표한 번안곡이다. 제법 인기 높은 곡이어서 뜻도 모른 채 노래의 후렴구 '베사메,

베사메무쵸'를 따라 흥얼거릴 만큼 익숙한 노래다.

베사메 Bésame는 '키스하다'는 뜻이 베사르Besar 동사의 명령형에 '나에게'를 이르는 메Me를 이은 말로 '나에게 키스해 주오'라는 뜻이다. '많이'를 뜻하는 무초 Mucho가 뒤따르니 결국 '나에게 많이 키스해 주오'라는 말이 된다. 본뜻과 달리 번안곡 속 <베사메무쵸>는 꼭 그리운 여인의 이름 같다.

1950년대의 한국 사회에서 키스를 많이 해 달라는 내용의 제목과 노랫말을 가진 곡을 발표하기는 어려웠을 테다. 지금은 상상도 할 수 없지만 그런 시대도 있었다. 덕분에 '베사메 무초'라는 스페인어 문장이 한국인의 기억에 크게 자리잡기는 했다.

"스페인 사람하고 인사할 때도 볼맞춤을 하나요?"

수업 시간에 종종 받는 질문이다. 스페인에서 볼맞춤은 일상이다. 매일의 인사가 볼맞춤이다. 그것도 양 볼에 한 번씩 두 번 한다. 친한 사람이든 모르는 사람이든 일단 볼맞춤으로 통성명을 한다.

볼맞춤을 하지 않는다고 실례는 아니다. 스페인 사람은 외국인에게는 특히 볼맞춤을 해도 되는지 먼저 묻는다.

세비야 이주 초기, 매일의 볼맞춤 인사가 영 익숙해지지 않아 고역이었다. 인사가 노동이 될 지경이었다. 한두 명 만날 때는 그나마 나은데 한꺼번에 많은 사람을 만나면 볼맞춤 하는 데만 오랜 시간을 보낸다. 그러니 스페인에서는 '많이 키스해 주오'라는 말을 따로 할 필요가 없다.

"선생님, 왜 한국 사람은 16부작 드라마의 최종회에서야 키스를 하나요?"

한국어 수업 시간, 한국 드라마를 좋아하던 한 스페인 학생의 질문이었다. 당시 그 친구가 보던 한국 드라마 속 연인의 스킨십 진도는 매일 볼맞춤으로 인사하는 스페인 학생에게는 이해하기 어려웠을 테다. 물론 요즘의 한국 드라마를 보면 그런 질문을 않겠지만.

팬데믹 때 스페인의 일상 안전 수칙에는 인사법도 있었다. '키스 및 포옹 금지'와 함께 새로 권장한 인사법은 '가슴에 손을 얹어 톡톡 치기, 한 손 들기, 목례하기'였다. 한국인에게는 일상사가 스페인 사람에게는 비상 상황의 대안책이라니 실로 흥미로웠다.

베사메 베사메 무초 Bésame Bésame Mucho

많이 키스해주오

코모 시 푸에라 Como si Fuera

에스타 노체 라 울티마 베스 Esta Noche la última Vez

오늘이 마지막 밤인 듯이

위는 1941년, 멕시코 여성 작곡가 콘수엘로 벨라스케스^{Consuelo} Velázquez가 발표한 <베사메 무초> 원곡 노랫말의 일부다.

팬데믹으로 일상이 차갑게 멈추면서 포근한 볼맞춤도 사라졌었다. 엔데믹을 맞고서야 서로의 안녕을 묻는 볼맞춤도 돌아왔다. 부디 당연하고도 자연스러운 일상의 기꺼운 인사가 다시는 멈추기 않기를.

 키스와 포옹을 이르는 스페인어 ——————

운 베소 Un Beso 키스

무초스 베소스 Muchos Besos 키스 세례

운 아브라소 Un Abrazo 포옹

* 스페인에서는 글로도 스킨십을 한다. 문자 메시지나 이메일 말미에 위의 표현을 쓰는 경우가 많다.
* 스페인 볼키스 인사에서 주의할 점은 방향이다. 왼쪽이 먼저다. 거꾸로 하면 볼맞춤하려다가 키스할 수 있으니 잊지 말자. 왼쪽, 오른쪽!

나, 너 좋아해

Me Gustas Tú [메 구스타스 투] · 네가 나한테 좋아

스페인어 동사 중에 특히 한국인 학습자를 당황시키는 동사는 '좋아하다'는 뜻의 구스타르 Gustar다. 일상에서 많이 사용하는 동사이니 쉬우면 좋을 텐데 여러모로 특이한 단어다.

한국어로 '나는 너를 좋아한다'는 문장은 스페인어로 '너는 나에게 좋다'로 바뀐다. 내가 좋아하는 게 아니라 네가 나에게 좋은 거다. 스페인어 동사는 주어에 따라 변하는 특징을 가지기에 좋아하는 주체인 '나'가 아닌 '너'에 따라 바뀐다.

결국 대상이 주체보다 더 중요한 셈이다. 수업 시간에 이리 설명하면 여기저기서 깊은 한숨이 터져나온다. '좋아한다'고 고백하기가 이렇게 어려울 일인가 싶기도 하다. 그럴 때면 이 노래를 소개한다.

널 향한 설레임을, 오늘부터 우리는
꿈꾸며 기도하는, 오늘부터 우리는

저 바람에 노을빛 내 맘을 실어 보낼게

그리운 마음이 모여서 내리는

Me gustas tú gustas tú

Su Tu Tu Ru 좋아해요

아이돌 그룹, 여자친구의 노래 <오늘부터 우리는>의 부제인 메 구스타스 투 ᴹᵉ ᴳᵘˢᵗᵃˢ ᵀú가 바로 이 어려운 스페인어 문장, '네가 나에게 좋다'는 뜻이다. '나에게 ᴹᵉ + 좋아하다 ᴳᵘᵃᵗᵃˢ(Gustar 동사의 2인칭 변형) + 너 ᵀú', 이렇게 구성된 문장이다.

"페이스북을 스페인어 버전으로 설정하면 '좋아요' 버튼이 메 구스타 ᴹᵉ ᴳᵘˢᵗᵃ로 바껴요"

이제 스페인어로는 뭘 좋아하지 않겠다고 굳게 다짐하던 수강생에게 익숙한 대중가요와 관련 정보까지 알려주면 그제서야 얼굴에 화색이 돈다. 낯설고 복잡한 문법을 기꺼운 일상 사례로 익히니 한결 편한가 보았다.

스페인어를 배우는 한국인이 구스타르 ᴳᵘˢᵗᵃʳ를 어려워한다면, 한국어를 배우는 외국인은 한국어 문장에서 '좋아하다'와 '좋다'의 구별을 어려워한다. '나는 너를 좋아한다'와 '나는 네가 좋다', 보통 두 문장을 같은 의미로 쓰지만 '좋아하다'는 동사이고 '좋다'는 형용사로 엄연히 다른 말이다.

'좋아하다'와 '좋다'는 스페인어처럼 '주인'이 달라지는 말이다. 전자의 주인은 좋아하는 행위를 하는 사람이고, 후자의 주인은 좋아하는 대상이다. 그러니 스페인어 메 구스타스 투Me Gustas Tú는 한국어로 '나는 네가 좋다'는 뜻에 가깝다. 그래서 페이스북 버튼이 한국어로 '좋아해요'가 아닌 '좋아요'인지 모르겠다.

SNS를 제대로 시작한 때는 스페인에 살면서부터였다. 한국에서 직장 생활을 할 때는 굳이 SNS가 필요하지 않았다. 일상을 온라인에 전시할 필요를 느끼지 못했다.

그러다 스페인에서의 삶을 한국 지인과 공유하려 자연스럽게 시작했다. 신기하게도 SNS에는 대답을 기다리지 않는 무수한 일방향의 '좋아요' 고백이 넘쳐났다. 절대 '오늘부터 1일'이 될 수 없는 주인 없는 고백이 그저 허허로워 보였다.

널 향한 설레임을, 오늘부터 우리는

<오늘부터 우리는>의 첫 구절 노랫말처럼 무언가를 '좋아하는' 일은 설레는 일이다. '좋아한다'는 말은 무수한 설렘의 끝에 내뱉는 조심스러운 고백이다. 마침내 누군가의 응답으로

드디어 새로운 '1일'을 시작한다면 그 얼마나 황홀할까.

오늘은 몇 번이나 대답 없는 '좋아요' 고백을 주고받았던가. 일상에서 '너를 좋아해'라는 고백을 한 때가 그 언제던가.

 고백할 때 쓰는 스페인어

테 키에로 Te Quiero **너를 원해!**

이 스페인어 문장은 가수 백지영의 〈내 귀에 캔디〉 노랫말에 등장해 한국인에게도 익숙한 표현이다. '사랑하다'는 뜻의 아마르 Amar 대신 '원하다'는 뜻의 케레르 Querer 를 활용한 고백의 문장으로, 스페인에서는 연인뿐 아니라 가족, 친구 관계에서도 널리 쓰는 말이다.

테 아모 Te Amo **너를 사랑해!**

영어로 아이 러브 유 I Love You, 일본어로 아이시테루 あいしてる, 불어로 주템므 Je t'aime 와 같은 뜻의 문장이다. 테 키에로 Te Quiero 보다 다소 진한 사랑 표현으로 일상에서 흔히 쓰는 표현은 아니다.

떠돌던 자는 어디에 머무나

Dónde Voy^{돈데 보이} · 나는 어디로 가나

세비야의 버스터미널 앞 신호등에는 매일 다른 분장을 한 채 휴지를 파는 사람이 있었다. 그는 스무 살 즈음 스페인에 와서 20년 넘게 살던 아프리카 난민, 하워드 잭슨^{Howard Jackson}이다.

스페인 친구의 추천으로 본 단편 다큐멘터리 <꿈과 휴지 사이 ^{Entre Sueño y Pañuelo}>로 그를 처음 만났다. 나 역시 외국인, 이방인으로 살아가며 이민자의 삶에 관심을 갖던 터라 당시 활동하던 한 인터넷 신문의 기고를 핑계 삼아 그를 인터뷰했다.

아프리카 대륙 북쪽, 모로코와 국경을 맞대고 있는 스페인 두 도시 멜리야^{Melilla}와 세우타^{Ceuta}는 아프리카 난민의 밀입국 문제가 끊이지 않는 곳이다. 국경에 6미터가 넘는 높이의 철조망을 설치하고 최루가스 발사 장치나 소음과 진동 탐지 센서까지 동원해 경계를 하고 있지만 소용이 없다. 2022년 5월, 멜리야를 통해 국경을 넘으려던 난민 이천 여명이 한꺼번에

몰리면서 23명이 압사하고 백 여명이 부상을 입는 사태까지 발생하기도 했다. 철조망을 넘을 뿐 아니라 자동차나, 침대 매트리스에 숨거나, 여행 가방이나 쇼핑 카트에 아이를 숨기는 등 온갖 방법으로 국경을 넘으려는 난민의 이야기는 끊이지 않는다.

하워드 역시 멜리야의 철조망을 넘어 스페인에 왔다. 서아프리카의 작은 나라 라이베리아^{Liberia}에서 태어난 그는 전쟁으로부터 부모를 잃고 열 여섯 살에 살기 위해 고국을 떠났다.

"어디로 갈지, 어디서 살지 아무 계획이 없었어요. 그저 살아야겠다는 생각뿐이었죠."

그는 비행기를 제외한 갖가지 교통수단을 이용해 무려 7년간 알제리를 거쳐 스페인 멜리야, 다시 세비야에 당도했다. 그간 매일 스스로에게 묻지 않았을까. 나는 어디로 가는가.

스페인어를 배우기 전에는 <돈데 보이>가 영어 노래인 줄 알았다. 어찌 이리 우울하고 서글픈가, 했더니 난민의 이야기를 다룬 노래였다. 노랫말에는 고향을 떠나 산과 사막, 바다를 건너 타국으로 향하는 수많은 난민의 마음을 담았다.

여기서 돈데 보이는 '어디'를 뜻하는 스페인어 의문사 돈데^{Dónde}와 '가다'를 뜻하는 동사의 1인칭 변형, 보이^{Voy}로 이루어진 문장이다.

돈데 보이, 돈데 보이 ^{Dónde Voy, Dónde Voy}

나는 어디로 가나요, 어디로 가나요

에스페란사 에스 미 데스티나시온 ^{Esperanza es mi Destinación}

희망이 나의 목적지예요

솔로 에스토이, 솔로 에스토이 ^{Solo Estoy, Solo Estoy}

나는 혼자예요, 혼자예요

포르 엘 몬테 프로푸고 메 보이 ^{Por el Monte Profugo Me Voy}

도망자처럼 나는 산을 넘어 떠나가요.

간신히 세비야에 도착한 하워드는 처음에는 길에서 여러 잡지를 팔았다. 하지만 격주로 발간하는 잡지라 생계를 이어가기에는 부족했다. 그래서 휴지를 팔았다. 휴지는 생필품이라 벌이가 훨씬 나았다.

그러다 가장행렬 아르바이트도 했는데 많은 사람이 그가 분장한 모습에 크게 호응했다. 그때부터 분장을 하고 휴지를 팔았고 덕분에 유명세를 얻었다. 휴지를 팔아 번 돈으로 공부도 시작하고, 다큐멘터리의 주인공도 되었다.

이제 그는 아침에 일어나자마자 어디로 가야 하는지 묻지 않는다고 했다. 매일 아침 같은 신호등 아래로 향할 때, 비로소 편안함을 느낀다고. 그곳에서 휴지를 팔며 이어가는 일상이 너무나 소중하다고.

'어디로 가야 하나'는 비단 난민만의 질문은 아니다. 농담인 듯 가볍게 던지지만 실은 결코 가볍지 않은 질문, '나는 누구, 여기 어디?'를 깊이 들여다보면 한 개인의 정체성이 장소에만 갇히지 않았음을 깨닫는다.

어쩌면 인생은 정처定處을 찾아 떠도는 일일지 모른다. 정한 곳, 머무를 곳, 뿌리내릴 곳을 두고 고민하는 이유는 단순히 그곳이 장소를 넘어 삶의 방향성까지 담기 때문일 테다. '어디로 가야 하는가' 모든 떠도는 자의 오랜 질문은 쉬이 답을 구할 수 없다.

 스페인어의 물음표와 느낌표

¿Dónde Voy?

스페인어 문장 앞뒤에는 물음표와 느낌표가 짝을 이루곤 한다. 스페인어는 주어에 따라 동사가 변형되어 주어가 자주 생략되고, 동사를 제외한 어순은 비교적 자유롭다. 게다가 문장이 긴 편이라 때로 이 문장이 의문문인지 감탄문인지 미리 짐작하기 어려운 경우가 많다. 그런 이유로 문장의 처음에 물음표와 느낌표를 거꾸로 써서 귀띔한다. 문장을 읽을 사람에게 '답하거나 느낄' 준비를 하라고 안내한다.

비명 대신 노래를

La Cucaracha^{라 쿠카라차} · 바퀴벌레

여는 글에서 소개했듯 2002년, 서울의 한 극장에서 빔 벤더스 감독의 음악 다큐멘터리 <부에나 비스타 소셜 클럽^{Buena Vista Social Club}>를 보고 쿠바의 아바나에 가야겠다고 마음먹었다. 음악도 넘쳐 흐르고, 파도도 넘쳐 흐르는 말라콘 방파제 어딘가에 앉아 있는 모습을 떠올렸다. 그로부터 2년 후 생애 첫 해외여행으로 머나먼 그곳으로 떠났다. 부에나 비스타 소셜 클럽의 공연을 보러 가는 길, 공연장까지 가는 곳곳에도 음악이 넘쳐흘렀다.

다큐멘터리에 나온 <찬찬^{Chan Chan}>과 동요 <라 쿠카라차^{La Cucaracha}>도 간간히 들렸다. 특히 지구 반대편에서 어린 때 배운 동요를 듣게 될 줄이야. 신기하고 반가웠다. 밴드의 유도에 숱한 관객과 함께 <라 쿠카라차>를 따라 불렀다. 당시 스페인어라고는 인사말이나 겨우 하는 수준이라 무슨 뜻인지 전혀 모른 채.

병정들이 전진한다, 이 마을 저 마을 지나

소꿉놀이 어린이들 뛰어나와서 쳐다보며

싱글벙글 웃는 얼굴 병정들도 싱글벙글

빨래터의 아낙네도 우물가의 처녀도

라 쿠카라차 라 쿠카라차 아름다운 그 얼굴

라 쿠카라차 라 쿠카라차 희한하다 그 모습

라 쿠카라차 라 쿠카라차 달이 떠올라 오면

라 쿠카라차 라 쿠카라차 그립다 그 얼굴

번안곡 <라 쿠카라차>의 노랫말은 참으로 경쾌하고 신난다. 이 노랫말만 보면 '라 쿠카라차'는 아름답고 그리운 얼굴이 보고 싶을 때 외치는 여흥구 같다. 이를테면 '에헤라디여, 아리아리랑' 같다.

그런데 세상에 쿠카라차 Cucaracha는 바퀴벌레다. 보자마자 소리부터 지르는 바퀴벌레를 그렇게 해맑게 외치며 노래하다니. '바퀴벌레, 아름다운 그 얼굴! 바퀴벌레, 그립다 그 얼굴!'이라니. 병정과 아이, 빨래터 아낙네와 우물가 처녀 다음에 왜 뜬금없이 바퀴벌레가 등장했는지 도무지 알 수 없었다.

<라 쿠카라차>는 스페인과 멕시코에서 두루 부르는 구전 민요로 언제 누가 지었는지는 아무도 모른다. 이 노래가 가장 널

리 알려진 시기는 1910년, 멕시코혁명 Revolución Mexicana 때다. 노랫말 속 바퀴벌레는 비참하고 고단한 농민을 대변했고, 당시 멕시코혁명의 영웅이던 장군, 판초 비야 Pancho Villa를 상징했다. '농민과 영웅이 바퀴벌레라니?' 의문이 들지만 바퀴벌레의 끈질긴 생명력에 빗대어 온갖 시련에도 굴하지 않는 농민이나 불사조 같은 영웅을 노래했으려니 하니 이해가 되었다. 의미를 알고 나니 아무 생각없이 발랄하게만 부른 게 못내 창피했다.

라 쿠카라차, 라 쿠카라차 La Cucaracha, La Cucaracha

바퀴벌레, 바퀴벌레

야 노 푸에데 카미나르 Ya no Puede Caminar

이젠 걸을 수가 없네

포르케 노 티에네 Porque no Tiene

왜냐하면 다리가 없네

포르케 레 팔타 Porque le Falta

라스 도스 파티타스 데 아트라스 Las dos Patitas de Atrás

뒷다리 두개가 부족하기 때문이야

예전에는 공부벌레, 책벌레처럼 '어떤 일에 집중하거나 몰두하는 사람'을 나타낼 때 '벌레'에 빗대었다. 요즘에는 단어 뒤에

벌레 충蟲 자를을 붙이곤 하는데, 대상을 피하거나 없애야 하는 혐오의 대상으로 비하하는 모습에 때로 섬칫한 기분이 든다. 그 대상이 싫다고 무작정 비명을 지르며 외면할 텐가. <라 쿠카라차>가 오랜 시간, 온 세계에서 불리는 이유는 바퀴벌레를 혐오의 대상으로 보기보다 그 시대에 맞는 비유와 이야기를 담았기 때문일 테다. 그 의미를 되새기며 후렴구의 첫 부분을 다음과 같이 고쳐 불러본다.

라 쿠카라차, 라 쿠카라차 La Cucaracha, La Cucaracha

바퀴벌레, 바퀴벌레

엘 놈브레 에르모소 El Nombre Hermoso

아름다운 그 이름

 **스페인어 감탄사**

케 아스케로소! ¡Qué Asqueroso!, **케 아스코!** ¡Qué Asco! 우아, 끔찍해!

스페인어 감탄문은 '무엇'이라는 뜻의 의문사 뒤에 형용사나 부사를 붙인다. 가령 벌레를 보고 놀랐을 때는 케 뒤에 '끔찍한'이라는 뜻의 형용사, 아스케로소 Asqueroso나 아스코 Asco를 붙인다.

케 리코! ¡Qué rico! 와, 맛있다!

케 비엔! ¡Qué bien! 너무 좋아요!

케 카로! ¡Qué caro! 너무 비싸요!

살다 보면 이룰 거야

Que Será Será 케 세라 세라 · 뭐든 될 거야

내가 다섯 살 때 어머니께서는
행복이 삶의 열쇠라고 항상 나에게 말씀하셨죠.
학교에 갔을 때, 선생님은 커서 뭐가 되고 싶은지 물었어요.
나는 '행복'이라고 답했죠.
선생님은 내가 질문을 잘 이해하지 못했대요.
나는 말했죠.
"선생님이 삶을 잘 이해하지 못하네요."

‒ 존 레논 *John Lennon*

세비야 외곽의 작은 마을, 아라세나Aracena의 한 카페에서 처음 본 문장이다. 정사각형의 설탕 봉지에 여러 유명인의 글이 적혀 있었는데 그 당시의 나에게 딱 알맞은 글을 만났다. 이후 몇 번을 더 읽고 출처를 찾았으나 명확하지 않았고, 존 레논의 유명 어록 중 일부라는 사실만 알았다.

"나는 가수가 되고 싶어요!" 어린 시절, 희망 직업란에 써 넣은 대로 사는 사람이 얼마나 될까. 살아보지 않고서는, 미래에 도달해 보지 않고는 도저히 채울 수 없는 답이다.

어렸을 때
엄마에게 물었어요.
난 뭐가 될까요
예뻐질까요, 부자가 될까요
엄마는 이렇게 대답했어요
뭐든 될 거야
우리는 미래를 볼 수 없잖니

미국 팝가수, 도리스 데이Doris Day의 인기곡이면서 1975년 개봉한 알프레드 히치콕 감독의 영화 <나는 비밀을 안다>의 주제곡으로 유명한 <케 세라 세라Que Será Será>는 한국인에게도 익숙한 스페인어 문장이다. 영어 노래의 제목과 후렴구에 들어간 스페인어 문장이 이토록 오래 회자되는 이유는 '뭐든 될 거야'라는 뜻이 일상에 큰 위로가 되기 때문일지 모른다.

장윤정의 <케 세라 세라> 노랫말 속 무언가 될 그날을 꿈꾸는 작은 존재에게도 '뭐든 될 거야'라는 주문은 유효하다.

내 꿈속에 사는 날, 그날 케 세라 세라
저 하늘 아래 점 하나 안 되는 나이지만
내 마음만은 이 세상 한껏 품고 남는다

스페인어에서 세르 Ser 동사는 영어의 'Be 동사'처럼 본질을 이르는 '(이)다', '이(가) 되다'의 의미로 쓴다. 의문문 케 세라?¿Qué Será?는 '무엇일까요?'라는 질문이면서 동시에 '무엇이 될까요?'라는 질문이다. 케 세라 세라는 입말로 '뭐든 될 거야'로 해석한다.

2006년, 전주영화제에서 본 <리브 앤 비컴>은 지금도 가끔 생각난다. 프랑스어 원제는 동사 '가다'가 포함된 <가라, 살아라, 그리고 되어라Va, Vis, et Deviens>다. 아프리카 에티오피아의 한 어머니가 아들을 살리려 유대인으로 위장한 채 아들을 이스라엘로 보낸다. 떨어지지 않으려는 어린 아들에게 어머니는 반복하여 말한다. "가라, 살아라, 그리고 되어라!"

그 말의 의미를 이해할 수 없던 아들은 자신을 떠나보낸 어머니가 한없이 야속하기만 하다. 거기에 더해 위장 신분때문에 겪는 정체성 혼란으로 괴로워한다. 하지만 끝내 어머니의 말처럼 떠나와 살고, 무언가 되어간다.

영화의 마지막, 의사가 된 주인공은 에티오피아에 의료 봉사를 갔다가 어머니와 극적으로 재회한다. 아들을 만난 어머니의 슬픔인지 기쁨인지 모를 울부짖음이 난민촌이 황량한 벌판을 가득 채우며 영화는 끝이 난다.

무엇이 되려고 살지 않고 살아가기에 무엇을 이루는 모습은 '나는 무엇이 될까요?'라는 질문의 답같다.

때로 미래의 한 자락이라도 미리 알고 싶은 조급증이 들 때면 현명한 어머니의 대답과 당부를 떠올린다. 그들의 지혜에 기대어 그저 살아가는 일에 몰두한다.

'살아. 그러면 뭐든 될 거야. 끝내 행복에 이를 거야'

 희망을 담은 스페인어 문장

케에로 세르 코모 메시! Quiero Ser Como Messi! 메시처럼 되고 싶어요!

어린 시절부터 스페인에서 활약한 축구 선수 이강인의 유창한 스페인어 실력이 화제를 모았다. 그는 한 인터뷰에서 '어떤 선수가 되고 싶은지' 묻는 말에 이 같이 답한다. 키에로 Quiero는 '원하다'는 뜻이면서 동사이면서 '하고 싶다'라는 뜻의 조동사이며, 여기서 코모 Como 는 '처럼'이라는 뜻이다.

한국어 같은 스페인어

A Ver ^{아 베르}	빈말을 채우리
Mi Casa Es Tu Casa ^{미 카사 에스 투 카사}	우리집처럼 편하게
Tengo Enchufe ^{뗑고 엔추페}	뒷배가 든든합니다
Poco a Poco ^{포코 아 포코}	천리 길도 한걸음부터
El Mundo Es un Pañuelo ^{엘 문도 에스 운 파뉴엘로}	세상은 넓고도 좁아라

빈말을 채우리

A Ver^{아 베르} · 언제 한 번 보자

지난 봄, 한 아트페어에 함께 참여한 한 작가가 동료 작가의 개인전을 함께 보러 가자고 했다. 관람하면 좋겠다는 마음도 있지만, 못 가도 그만이었다. 언제 한 번 들르라는 말에 그러겠다고 해도 대부분 흐지부지되고 마니까.

들르겠다고 답하자마자 그녀는 휴대전화를 꺼내더니 '언제요?'라고 묻고는 자신의 일정을 점검하려 했다. 예상치 못한 반응에 순간 흠칫했지만 진심으로 반갑기도 했다. "그냥 한 말인데 제가 너무 진심으로 받아들였나요?" 조심스럽게 되묻는 그에게 이리 답했다.

"전혀요. 이런 거 너무 좋아요!"

빈말, 인사치레에 익숙해지면 정작 진심을 진심으로 받아들이지 못한다. '언제 밥 한 번 먹자, 언제 따로 만나자' 같은 인사는 헤어지는 아쉬움을 조금이나마 따뜻하게 포장하는 의미 없는 인사인 경우도 많지만, 그 때문에 진심조차 빈말로 치부

빈말을 채우리

A Ver^{아 베르} · 언제 한 번 보자

되는 불상사가 생기기도 한다. 다행히 그날 우리의 진심은 반가운 만남으로 이어졌다.

한국에서 빈말은 예의를 중히 여기는 문화의 소산인 듯하다. 그런데 서방예의지국도 아닌 스페인에서조차 많은 사람이 빈말을 하는 모습에 다소 당황스러웠다.

빈말을 그다지 좋아하지 않는 사람으로서 스페인에 머무는 동안 가장 불편했던 말은 아 베르$^{A Ver}$로 시작하는 문장이었다. 아 베르는 바모스 아 베르$^{Vamos a Ver}$의 준말로 가능성 여부를 가늠하는 어조로 쓴다. '그렇게 하는지 한 번 두고 보자'는 의미다. '언제 밥 먹는지 한 번 보자, 언제 만날지 한 번 보자'는 의미인데 대체로 '아 베르'로 시작하는 문장의 실현 가능성은 거의 없다.

흔히 스페인 사람은 친절하고 열린 태도를 가졌기에 쉽게 친구가 되리라고 여기지만, 실제 그들을 겪어 보니 꼭 그렇지만은 않다. 특히 내가 살았던 세비야는 가족 중심 문화가 강하고, 어린 시절부터 함께 자란 동네 친구 집단이 대부분이다. 그런 이유로 힌두 번 낯선 외국인 친구로 함께 어울리기는 쉬워도 진정 그 무리의 일원이 되기는 어렵다.

친화력 좋은 스페인 사람은 통성명만 해도 금세 특별한 사이라도 된 듯 행동하고, 헤어질 때마다 '내일 한 번 보자'며 약속을 잡는다. 처음 스페인 친구를 사귀었을 때는 그들이 건네는 아 베르가 진정 반가운 초대인 줄 알았다.

연락처를 주고받은 다음날이면 그 친구가 말한 내일이 오늘이기를 기대했다. 하지만 연락이 오는 경우는 거의 없었다. 처음 몇 번은 먼저 문자 메시지를 보내기도 했지만 대부분 다른 약속이 있거나 또 한 번 '다음에 보자'는 기약 없는 약속을 할 뿐이었다. 그런 일이 반복되면서 서서히 스페인식 빈말에 익숙해졌고 나의 아 베르도 늘어갔다.

물론 모든 아 베르 문장이 빈말로 끝나지는 않는다. 시간이 지날수록 한국에서처럼 스페인에서도 빈말과 참말을 구분하는 나름의 기준이 생기고, 참말로 만들고 싶은 빈말을 스스로 채워 참말로 만들었다. 허공에 던져진 '한 번 보자'를 꼭 붙들어 '반드시 보자'는 인연의 시점으로 끌어왔다.

팔레스타인에서 열린 국제 프로그램에서 만난 스페인 친구와의 인연도 그랬다. 세비야 이주 초기에 한 행사에서 스페인 북서쪽 도시, 바야돌리드^{Valladolid}에서 온 두 명의 친구를 만났다. 헤어질 때, 그들은 연락처를 건네며 이리 말했다.

아 베르 시 노스 베모스! ^{A Ver Si Nos Vemos!}

그때는 '아 베르'의 숨은 의미를 모를 때라 언제 한 번 만나자!는 말에 꼭 놀러 가야지 마음먹었지만 그 뜻을 알고 난 후, 마야돌리드 근처에 갔을 때는 오래 망설였다. 하지만 한 번은 다시 만나고 싶어 먼저 연락했고, 우려와 달리 그들은 나를 반갑게 맞아주었다. 이후 그 친구들이 칠레로 옮겨가거나 한국에 왔을 때도 계속 만났다.

빈말을 빈말로 그냥 두었다면 그 관계도 허허롭게 끝났을 테다. 하지만 그 말을 참말로 바꾸는 데 공들이며 속을 채운 노력은 특별한 관계라는 결실로 이어졌다.

결국 빈말은 채우는 말이 아닐까. 이미 무언가로 꽉 차서 더 넣을 수도, 쉬이 바꿀 수도 없는 말보다 상대방이 빈 채로 내어준 데를 자신의 의지로 채우면 알곡이 되는 말. 여전히 여기저기 던져놓은 빈말의 운명을 어찌할지 고민하며 중얼거린다.

"아 베르, 아 베르…"

 스페인의 대표 빈말

알 로 메호르A Lo Mejor 잘하면 그렇게 되겠지. (잘하면…)

시! 에소 ¡Sí! Eso 그래, 그거! (근데 그게 뭐지?)

키사스Quizás 아마도 그럴 걸. (아님 말고!)

푸에데 세르 Puede Ser 그럴 수 있어. (물론 아닐 수도 있고!)

우리집처럼 편하게

Mi Casa Es Tu Casa ^{미 카사 에스 투 카사} · 내 집이 네 집이야

'스페인뿐 아니라 중남미 사람은 격의가 없어 초대에 관대하다'는 인상을 한껏 높이는 스페인어 문장이 있다. 두 팔 벌려 환대하는 미 카사 에스 투 카사^{Mi Casa Es Tu Casa}, 직역하면 '내 집이 네 집이야'라는 말이다.

명쾌한 선언문 같은 이 문장이 한국 가요에도 등장한다. 같은 문장을 제목으로 한 식 케이^{Sik-K}의 노래와 허영생의 노래 중에 <미 카사, 수 카사^{Mi Casa, Su Casa}>라는 곡도 '내 집, 당신 집'으로 거의 같은 뜻이다. 그만큼 우리가 좋아하는 표현이라는 반증일 테다.

'내 집이 네 집이야'라는 문장을 의역하자면 '우리집처럼 편안히 생각해'가 아닐까. '내 것, 네 것' 구별에 익숙한 스페인 학생이 한국어를 배우며 의아해하는 단어가 우리가 흔히 쓰는 '우리'다.

스페인어에서 '나'는 한국어로 '우리'로 대체되기 일쑤다. '우리

엄마, 우리 학교, 우리나라' 그리고 '우리집'까지. 그러니 '내 집, 네 집'을 굳이 구별해 발하기보다는 그냥 '우리집'이라고 하는 편이 우리말과는 더 어울린다. 한동안 역주행으로 인기를 모은 2PM의 노랫말이 새삼 달리 들린다.

It's Alright! 우리집으로 가자!

처음 '내 집이 네 집이야'라는 문장을 접했을 때는 좀 과하다 싶었다. 일상에서 빈번히 쓰는 문장이지만 실제 '내 집이 네 집'이 되는 일은 쉬이 이루어지지 않는다.

"편할 때 집에 한 번 와!"

"내 집이다, 생각하고 편히 지내!"

한국에서도 많이 하는 초대의 말은 '밥 한 번 먹자'는 말처럼 아무때나 하는 빈말이 아니기 때문이다. 누군가를 초대하려면 일단 그럴 만한 공간과 상황이 전제되어야 한다. 지극히 사적인 집으로 초대하는 일은 아무래도 쉽지 않다.

초대하는 사람 못지 않게 초대 받는 사람에게도 마찬가지다. 제아무리 내 집처럼 편하게 지내라고 한들 내 집처럼 편한 네 집이 어디 있을까. '초가삼간이라도 내 집이 제일 좋다'는 말은 괜히 생긴 말이 아니다.

스페인에서 처음 타인과 집을 공유하며 살 때, 내 돈 내고 사는 내 집인데도 영 편하지 않았다. 주로 방에서만 머물며 공용 공간은 잘 쓰지 않았다. 한 공간이 온전히 내 집으로 편안해지기까지는 꽤 오랜 시간이 걸린다. 공간뿐 아니라 같이 사는 사람에 익숙해지는 데도 시간이 필요하다.

실상 네 집이 내 집처럼 편하려면 집보다 상대가 편해야 한다. 네가 편해야 네 집도 편하다. 주인과 손님의 관계가 아니라 수평의 관계여야 네 집은 우리집이 된다.

다행히 세비야에는 내 집 같던 네 집이 두 채가 되었다. 그중 하나는 평소 좋은 음악을 자주 추천한 레예스 언니네였다. 언니 집은 시내에서 좀 떨어진 외곽 지역에 있고, 정원이 달린 멋스런 단독 주택이었다.

오랫동안 남편과 살던 집인데 사별 후 언니 혼자 살았다. 거실과 방 한가득 책이 있어서 갈 때마다 양서를 빌려 읽었다. 또 시험 기간이면 전용 과외 교실이 되었다. 때론 선생님으로, 어머니로, 여행의 동행이 된 친구의 집은 진정 내 집처럼 편했다.

또 다른 집은 도예가, 요코^{Yoko}의 집이다. 요코는 일본계 브라질인으로, 그녀의 집은 건축가였던 남편이 죽기 전 아내를 위해 지은 집이었다. 시내 중심가의 4층짜리 집은 구조가 특이했는데, 각 층마다 도예 공방, 부엌, 서재 등을 갖추었다.

도예를 하는 아시아인이라는 공통점 때문에 요코와는 금세 가까워졌다. 수시로 그녀의 공방이자 집을 드나들며 마음껏 작업하거나 편히 쉬었다. 한국에 돌아오기 직전, 마땅한 거처가 없었을 때도 한 달 넘게 요코의 집에 머물렀다.

여러 곳을 여행하며 타국에 머물 때 고마운 초대를 많이 받았다. 이제는 나도 그런 초대를 하는 사람이 되어야겠다고 마음먹었다. 방이 두 개인 집으로 이사하면서 그 꿈을 이루었다. 한국에 여행 온 외국인 친구가 그 초대에 응하여 방문할 때면 이리 말하며 환대한다.

"우리집처럼 편하게 생각해!"

 스페인의 가옥 종류

피소Piso 스페인 집 유형 중 가장 보편적인 형태다. '층'이라는 뜻도 가져 층이 있는 건물의 주거 형태를 말한다. 우리나라로 치면 아파트보다는 빌라에 가깝다. 4층짜리 유코의 집도 피소의 일종이다.

카사Casa 레예스 언니네처럼 주로 단독 주택 형태이 집을 통칭한다.

아파르타멘토Apartamento 아파트를 뜻한다.

뒷배가 든든합니다

Tengo Enchufe ^{텡고 엔추페} · 나는 콘센트가 있어요

세비야에서 한 아파트를 나누어 쓰던 친구 중 공무원이던 친구는 탱고를 무척 좋아했다. 근무 시간이 오전 여덟 시부터 오후 세 시까지로 짧기도 했는데, 그나마도 온갖 이유로 아예 회사에 가지 않는 날이 많았다. 결국 의심을 담뿍 섞어 이리 묻곤 했다.

"오늘도 회사 안 가? 혹시 낙하산이야?"

스페인에도 낙하산의 개념은 존재한다. '연줄이 있다'는 뜻의 텡고 엔추페^{Tengo Enchufe}라는 표현이 있는데, 직역하면 '나는 콘센트가 있다'는 뜻이다. 자신의 전선을 꽂을 콘센트가 있다는 표현으로, 우리말로 '무엇을 어디에 꽂아주다'와 거의 같은 말이다.

지금도 그렇지만 세비야에 거주하던 2010년부터 2015년까지 스페인의 취업난은 심각했다. 당시 우리나라에는 비정규직 청년 인구가 늘면서 '88만원 세대'라는 말이 생겼다.

스페인에도 이와 비슷한 '1000유로 세대'라는 용어가 등장했다. 직장을 구하지 못하거나 대학 졸업 후 카페나 옷가게에서 단기 근무하는 청년이 많았다. 한 아파트를 나누어 쓰던 또 다른 한 친구는 IT업에 종사했는데, 직장 때문에 그라나다에서 세비야로 이사 왔다.

야근과 주말 근무가 일상이던 그를 보며 스페인 사람은 그저 한량 같은 생활을 하리라고 여겼던 선입관이 확실히 깨졌다. 그는 다니던 회사가 어려워지면서 결국 헝가리까지 취업 이민을 떠났다.

그런 이유로 친구들과 '연줄 있는 사람'을 주제로 종종 대화를 나눴다. 아는 사람 소개로 직업을 구하는 일은 스페인에서도 흔한 일이었다. '한국은 그렇지 않지?'라고 묻는 친구에게 연줄과 뒷배, 낙하산같은 단어를 알려 주며 한국에서 인맥, 학연과 지연이 얼마나 중요한지 알려 주었다.

공정한 기회를 뺏는 새치기가 아니라면 인맥도 자산이다. 돌아보면 도움이 필요한 순간, 혼자서는 답을 찾기 어려운 순간에 좋은 사람과 고마운 인연으로 문제를 해결하고 원하는 결과를 얻기도 한다.

애초에 아무런 연고도 없는 세비야의 삶도 마친가지였다. 고등학교 미술 교사였던 친구 덕에 도자기 수업의 보조 강사 실습을 했다. 게다가 그 학교가 요리 특화 학교라서 한국 요리 특강도 했다. 그 친구가 아니었다면 이제 막 도자기를 배우고, 겨우 간단한 끼니나 차리는 실력인 채로 어떻게 그런 기회를 얻었을까.

한국어 개인 수업을 받은 한 학생의 소개로 세비야 아시아 어학원 원장을 소개 받아 그곳에서 한국어 수업도 시작했는데, 그 일은 이후 몹시 중요한 일거리가 되었다. 또 방송 코디네이터를 할 때도 섭외로 힘겨워할 때마다 현지 친구의 도움으로 무사히 일을 마쳤다. 어떻게 제때 정확히 필요한 인연을 만났는지 돌이켜보면 기적 같다.

인맥 관리라는 말을 좋아하지 않는 편이다. 인맥人脈은 뜻 그대로 사람 사이를 잇는 줄기다. 따로 관리할 일이 아니라 자연스럽게 이어지는 건강한 맥을 가질 때 그 줄기의 잎은 건강할 테다.

무조건 크고 고급진 콘센트가 아니라 나의 전선에 맞는 콘센트를 찾아 연결해야 비로소 전원이 켜지고 기계가 작동하듯, 좋은 연결은 무언가를 이루고 또 다른 기회로 이어진다. 삶의 갈피마다 좋은 인연을 만나는 일은 행운이고 기적이다.

"나는 아무것도 가진 게 없어요."

이리 한탄하기보다 작지만 알맞은 콘센트에 자신을 연결하며 고마워할 일이다. 지금껏 살아온 걸 보면 이미 우리는 모두 썩 괜찮은 콘센트를 가졌는지 모른다.

 직장인과 백수를 이르는 스페인어

트라바하도르 Trabajador, **트라바하도라** Trabajadora 직장인

'일하다'는 뜻의 트라바하르Trabajar에서 비롯된 말로 급여를 받고 일하는 사람을 통칭한다. 스페인어에서 직업명은 이처럼 성별에 따라 달리 쓴다.

니니 Nini 백수

영어 NEET Not in Education, Employment or Training와 뜻이 같은 말로, 사전에 등재되지는 않은 말이다. 스페인어 니 트라바하Ni Trabaja, 니 에스투디아Ni Estudia의 줄임말로 일이나 공부를 하지 않는 사람을 이른다.

2023년 HR기업, 아데코Adecco 조사에 따르면 스페인 어린이가 가장 선호하는 직업은 남자이 경우 축구선수, 곧 풋볼리스타Futbolista, 여자의 경우 선생님, 곧 프로페소라Profesora로 나왔다.

천리 길도 한걸음부터

Poco a Poco 포코 아 포코 · 조금씩

'작은 하루를 모아 큰 하루를 만드는 사람,

30년차 DJ 배철수!'

요즘 이런 소리를 많이 듣습니다.

30년 걸어온 길을 되돌아보니

평범한 일상에 보석처럼 박힌 작은 성취가 있었습니다.

그 소소한 행복이 힘이 되어

계속 한길을 갈 수 있었습니다.

2020년 3월 19일, 30주년을 맞은 라디오 프로그램 <배철수의 음악캠프>의 인사말이었다. 직장 생활을 할 때는 야근 동지로, 작업실을 꾸린 후에는 작업의 벗으로 꽤 많은 날을 함께한 프로그램이어서 그런지 변함없이 쌓인 시간의 축적이 내 것인 양 반가웠다.

게다가 한 가지 일을 꾸준히 하기보다는 새로운 일에 덥석 달

려들며 다소 산만하게 사는 사람으로서 한길 인생의 묵묵한 힘을 마주할 때면 존경의 감탄사가 절로 나온다.

'작은 하루가 만든 큰 하루'라는 문장을 들으며 스페인에서 많이 듣던 말, '조금씩'이라는 뜻의 포코 아 포코 Poco a Poco가 떠올랐다. 여기서 포코 Poco는 '조금'이라는 뜻이다.

'빨리빨리'에 단련된 급한 성향 탓에 스페인 친구들의 '조금씩' 느린 박자가 답답했다. 학교 과제나 일을 같이 할 때면 예외 없이 한두 박자씩 늦는 친구의 속도에 조급증을 내곤 했다. 그럴 때마다 친구들은 다독이듯 말했다.

노 파사 나다. 포코 아 포코! No Pasa Nada. Poco a Poco

'괜찮아, 조금씩!'이라는 말이다. 열난 마음에 기름을 붓는 이 느긋한 문장의 선기능도 있었다. 세비야 이주 초기, 스페인어가 잘 늘지 않아 스트레스를 받을 때, 갑자기 플라멩코에 빠져 노래를 배웠지만, 아무리 연습해도 박자를 못 맞춰 절망할 때마다 친구들은 히나같이 괜찮다며, 속도 좀 늦추라고 했다.

친구들의 주문대로 모든 일은 조금씩 나아졌다. 원하는 속도는 아니어도 무리 없이 과제와 일을 마무리헀고, 스페인어 실력도 갈수록 늘었다. 애쓰지 않아도 매일매일 반복하면 나아질 테니 전혀 조바심 낼 이유가 없었음을 뒤늦게 깨달았다.

물론 나아지지 않은 일도 있다. 플라멩코는 결국 한 곡도 제대로 부르지 못한 채 그만두었다. 돌아보면 괜찮은지, 아닌지를 결정하는 요인은 노력의 속도나 양보다는 지속성에 있다. 어떤 일이든 계속하다 보면 느리더라도 무언가 이룬다. 요즘 유행하는 줄임말, '중꺾마(중요한 것은 꺾이지 않는 마음)'는 바로 이를 두고 하는 말 같다.

얼마 전, 오랜 벗이 주최한 한 아트페어에 다녀왔다. 그녀는 15년 전부터 인터넷 카페에 아티스트 팬클럽을 만들어 운영하며 예술가와 관객이 직접 만나 소통하는 전시를 꿈꾸었다. 벌써 13년 전, 내가 스페인으로 떠나던 해, 그 꿈을 현실로 만들어 <제 1회 반짝쑈>라는 전시를 열었다.

스페인에 머무는 동안 <반짝쑈>가 아트페어로 성장하고, 인터넷 카페의 팬클럽은 사회적 기업이 되었다는 소식을 들었다. 분명 순탄하지 않은 순간도 많고 제자리걸음만 한 때도 있었다. 하지만 그녀는 멈추지 않았다.

그리고 2023년, 열 번째 아트페어를 열었다. 더 넓어진 전시 공간에서 서로 신뢰하는 작가, 오랜 관객과 지난 시간을 축하했다. 느린 걸음이지만 그녀가 꿈꾸는 앞으로의 10년이 미리 궁금했다.

우리말 격언 중에 '천리 길도 한 걸음부터, 시작이 반이다'라는 말이 있다. 모두 시작의 중요성을 강조한 말이다. 스페인어 포코 아 포코 Poco a Poco는 시작과 도달 사이의 과정에 어울리는 말이다. 까마득히 먼 천리 길에 미리 한숨짓지도, 반이 되지 않는 시작에 쉬이 조급해하지도 말라는 주문 같은 말이다.

완성에 이르는 가장 큰 열쇠는 '조금씩'이라는 주문을 외우며 계속 이어가기다. '작은 하루가 큰 하루'가 되는 데는 언제나 '오늘'이 가장 중요하다.

 스페인어 격언 몇 가지

마스 발레 타르데 케 눈카 Más Vale Tarde Que Nunca 시작이 중요하다.

무초스 포코스 아센 운 무초 Muchos Pocos Hacen un Mucho 티끌 모아 태산.

메호르 케 데시르 에스 아세르 Mejor Que Decir Es Hacer 말하기보다 행동하라.

케레르 에스 포데르 Queror Eε Poder 원하면 이룬다.

엘 케 부스카, 엔쿠엔트라 El Que Busca, Encuentra 뜻이 있는 곳에 길이 있다.

세상은 넓고도 좁아라

El Mundo Es un Pañuelo ^{엘 문도 에스 운 파뉴엘로} .
세상은 휴지 한 장이다

2004년, 첫 남미 여행으로 볼리비아에 갔다. 티티카카 호숫가, 코파카바나 ^{Copacabana}에서 장터를 구경하다가 한 한국인 여행객을 만났다. 남미에서 한국인을 만나기 어려운 때라 그녀와의 만남은 유독 반가웠다.

서둘러 통성명을 하고 여러 이야기를 나누다 문득 그녀가 어딘지 낯익다는 생각이 들었다. 학교부터 직장까지 다 훑어봐도 일치하는 지점이 없어 그냥 지인과 닮은 사람이려니 했다. 여행을 마치고 한국에 돌아와 그녀와 다시 만나기로 하고 약속 장소를 정하다가 자주 가는 동네 이야기가 나왔다.

마침내 첫 만남의 순간, 그녀가 왜 그리 낯익다고 느꼈는지 알았다. 그녀는 한때 다녔던 교회 신도였다. 그 사실을 알고 둘이 동시에 말했다. "세상 참 좁네요."

스페인에 온 부모님과 그라나다의 알람브라 궁전에 갔을 때였다. 궁전 정원을 둘러보는 데 한국인 단체 여행객이 눈에 띄었다. 그중 한 여행객이 부모님께 다가와 반갑게 알은 체했다. 설마 했는데 정말 아는 사람이었다.

주말마다 부모님이 사는 빌라의 아랫집에 들르는 사람이었다. 머나먼 스페인까지 와서 한 동네 이웃을 만날 확률은 얼마나 될까. 다시 한 번 '세상 참 좁네요'라는 말이 절로 나왔다.

이처럼 살다 보면 그래봐야 누군가의 손바닥 안인 듯 좁은 세상임을 깨닫는 일이 많다. 현실에서 살짝 발을 떼고 여유를 부리다가 '참 좁은 세상'을 경험하면 정신이 번쩍 들기도 한다.

스페인어에는 '세상 좁다'는 뜻의 엘 문도 에스 운 파뉴엘로El Mundo Es un Pañuelo라는 문장이 있다. 파뉴엘로Pañuelo는 '휴지나 손수건 한 장'을 이른다. 스페인 사람에게도 세상El Mundo은 손수건 한 장만큼이나 좁은가 보았다.

스페인은 한 때 '휴지 한 장짜리 세상'에 빗대기에는 턱없이 넓은 크기의 세상을 가진 나라였다. 1492년 콜롬부스의 신대륙 발견으로 그들의 지도는 무한정 확장되었다. 확장된 제국의 영토만큼이나 넓은 세상의 온갖 보물이 스페인으로 모였다.

특히 내가 살던 세비야는 신대륙의 금은보화가 모이던 도시였다. 해적을 패해 도심을 관통하는 과달키비르 Guadalquivir 강의 뱃길을 따라 보물을 날랐다. 아랍어에서 기원한 '큰 강'이라는 뜻대로 도시의 큰 물길은 신대륙과 스페인을 연결하는 중심 통로였고, 그 덕에 세비야는 한때 경제의 중심지로 엄청난 부를 누렸다. 지금은 식민지 기록보관소로 사용되는 카사 데 콘트라타시온 Casa de Contratación 은 당시 신대륙에서 가져온 물품을 관리하는 목적을 가진 곳으로, 요즘의 무역센터 역할을 했다.

과거의 영광이 그리운지 스페인 사람은 '내 나라, 내 도시가 최고'라는 자부심이 강하다. 세비야 이주 초기에는 누군가의 집에 초대 받거나 모임에 갈 때 한국 음식을 가져갔다. 다들 흔히 맛볼 수 없는 새로운 음식을 당연히 기꺼워하리라 기대하면서.

하지만 아니었다. 그들은 낯선 음식을 꺼리거나 아예 먹을 시도조차 하지 않았다. 대신 스페인 음식의 우수성을 소개하기에 바빴다. 몇 번의 경험으로 굳이 한국 음식을 가져가기보다는 그들의 음식을 맛있게 먹을 준비를 해갔다.

스페인에는 '자기 배꼽을 보다'는 뜻의 미라르세 엘 옴브리고 Mirarse El Ombligo 라는 표현이 있다. 시야가 자신의 관심이나 세계를 벗어나지 못함을 빗댄 말이다. 스페인 사람의 다소 고집스

럽고 과한 자기애를 이야기할 때 이에 공감하는 몇몇 현지 친구가 알려준 문장이다.

배꼽만 보는 시야는 여행 성향에도 나타난다. 스페인은 유럽에서 가장 국내 여행을 선호하는 나라로 알려졌다. 조금 긴 연휴만 생겨도 해외로 떠나가는 바쁜 한국인과 달리 한 달이나 되는 긴 여름휴가를 근처 바닷가 마을에서 보내는 친구가 꽤 많았다.

스페인 현지 신문 <라 라손 La Razón>에서 국내 관광 실태 관련 기사(2018년 6월 30일자)에 인용한 국립통계원 자료에 따르면 코로나 이전, 2017년 한 해 동안 스페인의 여행 인구 중 단 8.9%만이 해외 여행을 했다. 같은 해 한국의 해외여행 통계를 언급한 <한국경제> 신문 기사(2017년 12월 24일자)에 따르면 한국의 여행 인구는 50%를 넘어섰으니 그 차이가 얼마나 큰지 알 만하다.

세상의 넓고 좁음은 세상을 받아들이는 자가 결정한다. 그저 더 멀리 떠날 생각에 골몰하며 살았다. 아예 깃발을 옮겨 꽂기도 했다. 그 가운데 세상의 너비는 여정의 길이나 흔적의 양이 아니라 삶을 받아들이는 태도라는 사실을 깨달았다.

세비야 시내에는 시민이 가꾸는 작은 도심 텃밭이 있다. 그곳에서 이탈리아의 작은 섬, 사르데냐 Sardegna에서 태어난 농부,

루시아노 푸르카스Luciano Frucas가 도시 농부에게 여러 가르침을 주었다. 1980년대에는 세상을 유랑하는 노마드 예술인으로 살다가 스페인 남부 도시 타리파Tarifa에서 예술 공동체를 만든 이다. 공동체가 해체되면서 스페인의 여러 도시를 거쳐 세비야에 자리잡은 그는 오랜 시간 삶의 지도를 넓히며 누구보다 자유롭고 너른 세상을 만났다. 그런 그가 마침내 머무른 세상은 작은 텃밭이었다.

삶은 나무와 같다고 생각합니다.
크게, 멀리 가지를 뻗어 다양한 세상을 구경하지만
결국 그 근원은 뿌리에 있습니다.

그의 말은 오랫동안 기억에 남았다. 정녕 휴지 한 장의 세상이라고 좁고 덧없지만은 않다. 배꼽만 응시하던 시선을 더 멀리 옮겨 새로이 옮긴 세상에서 더 단단해진 두 발, 그 발 아래 휴지 한 장 세상이 있다.

발 아래 한 장 너비의 세상은 누군가에는 위태롭고 비좁을 나락, 또 누군가에게는 더 너른 세계로 나아가게 하는 단단한 디딤돌이기도 하다. 그런 점에서 '세상은 휴지 한 장이다'라는 말은 어쩌면 '세상은 자신의 크기만 하다'라는 말일지 모른다.

 스페인 4대 도시 특징

* **마드리드** Madrid 스페인의 수도이며 제1도시다. 마드리드 토박이는 고양이, 가토 Gato라고 부르는데, 무려 네 세대나 마드리드 출신이어야 하기에 실제로는 거의 찾기 어렵다. 가끔 한두 세대가 마드리드 출신인 사람은 스스로를 키티 Kitty라 부른다.

* **바르셀로나** Barcelona 스페인의 유명 건축가 가우디의 도시이며, 언제나 여행자가 넘치는 도시다. 카탈루냐 지방의 수도로 스페인어 외에 카탈란 Catalán도 사용한다. 스페인에는 이외에도 갈리시아 지방의 가예고 Gallego, 바스크 지방의 바스코 Vasco 등 네 개의 공식 언어가 있다.

* **발렌시아** Valencia 세 번째로 큰 도시지만, 여행자가 많이 찾는 도시는 아니다. 스페인 대표 음식 파에야 Paella의 본고장이기도 하다.

* **세비야** Sevilla 남부 안달루시아의 수도로 스페인 도시 중에서도 지기애가 강한 도시로 이름높다. 스페인 사람조차 세비야의 과한 자기 사랑을 반기지 않는다. 안토니오 마차도 Antonio Machado의 유명한 싯구 '오 아름다워라! 세비아 사람 없는 세비야여!'가 그 반증이다.

 아는데 모르는 말

이응 0002 **이게 스페인어라고?**
– 모르고 쓰는 우리말 속 스페인어

초판 1쇄 발행 2023년 10월 31일

글 홍은

펴낸이 장세영
기획·편집 장세이
디자인 박지현
그림 안미래
인쇄 상지사

펴낸곳 이응

등록번호 제2022-000010호
전화 070-4224-3030
팩스 0303-3442-3030

전자우편 oioiobooks@naver.com
인스타그램 instagram.com@oioiobooks